I0091568

KEAJAIBAN *dari* PENULISAN CITA-CITA

Inilah caranya untuk mengubah impian anda menjadi kenyataan!

Termasuk Buku Latihan

KIM BROEMER

Dedikasi

Buku ini didedikasikan untuk putri saya, Sarah, dengan penuh cinta dan syukur atas kehadirannya dalam hidup saya.

KIM BROEMER

Saya ingin mengucapkan terima kasih kepada penerjemah saya, Srilani Subari yang telah membantu saya menerjemahkan buku ini ke dalam Bahasa Indonesia.

KEAJAIBAN DARI PENULISAN CITA-CITA

oleh Kim Broemer

Diterbitkan oleh Kim Broemer & Associates Pty Ltd, 2015.

Buku ini diperkenankan untuk kesenangan dan pendidikan pribadi anda. Walaupun dibuat dengan segala upaya terbaik, pengarang dan penerbit buku ini tidak memberikan saran hukum, medis, ataupun saran profesional lainnya dan tidak mewakili ataupun menjamin apapun dan tidak bertanggung jawab bila ada ketidak-akuratan atau ketidak-lengkapan isi dan secara khusus membebaskan dari jaminan tersirat dari jual-beli atau penggunaan yang tidak sesuai untuk alasan tertentu, ataupun tidak bertanggung jawab bila ada seseorang atau sesuatu yang hilang atau terjadi kerusakan ringan atau berat atau terjadinya dugaan, langsung maupun tidak langsung, karena informasi atau program yang terkandung di sini. Cerita, karakter, dan entiti tersebut adalah fiksi. Bila ada kemiripan dengan seseorang, yang masih hidup maupun sudah meninggal, hanya merupakan suatu kebetulan belaka.

Apabila di dalam buku ini termaktub kesejahteraan, kesehatan, dan informasi pengelolaan kebugaran, maka ini dilakukan dalam kaitannya dengan pendidikan saja, dengan informasi yang sifatnya umum dan tidak khusus diperuntukkan bagi anda, para pembaca. Isi buku ini bertujuan untuk membantu anda dan para pembaca lainnya dalam upaya mensejahterakan diri. Tidak ada apapun dalam buku ini yang harus ditafsirkan sebagai saran pribadi atau diagnosa, dan tidak dapat dipergunakan untuk tujuan tersebut. Informasi dalam buku ini tidak dapat dianggap sebagai lengkap dan tidak membahas semua penyakit, pengobatan, kondisi fisik, ataupun perawatannya. Anda harus berkonsultasi dengan dokter anda mengenai penerapan setiap informasi yang tersedia dan sebelum memulai latihan apapun, pengurangan berat badan, atau program perawatan kesehatan.

Hak cipta dilindungi. Bagian dari publikasi ini tidak boleh dicetak ulang atau dikirimkan dalam bentuk apapun atau dengan tujuan apapun, termasuk memperbanyak, mencatat, atau menyimpan melalui penyimpanan informasi dan sistem pencarian, tanpa ijin tertulis dari penerbit.

Hak cipta © 2015 Kim Broemer & Associates Pty Ltd

Pengarang dan seluruh sumber-sumber yang dikutip memiliki hak cipta pada masing-masing bahannya.

Daftar Isi

Pengenalan

"Kita semua memiliki dua pilihan: Kita bisa hanya
sekedar hidup atau kita bisa merancang kehidupan."
— Jim Rohn

Saya sangat mensyukuri kehidupan yang saya miliki. Pada waktu saya menulis pengenalan ini, istri saya Mariani dan saya sedang mempersiapkan diri mengunjungi Jepang untuk menyaksikan musimnya Mekarnya Bunga Sakura. Kami tidak memiliki beban dalam hidup kami; terlebih karena kami telah meraih kebebasan finansial, kebebasan waktu, dan yang paling penting, kami juga memiliki kebebasan memilih.

Saya memang tidak mengetahui posisi anda saat ini. Mungkin anda baru saja menyelesaikan pendidikan SMA atau sudah sarjana, atau baru mulai bekerja. Atau mungkin anda telah bekerja cukup lama dan menyadari bahwa anda hanya bekerja untuk mencapai cita-cita bos atau perusahaan tempat anda bekerja, dan rasanya anda dimanfaatkan. Mungkin anda sekarang mulai menyadari bahwa menjadi bos adalah hal terbaik untuk sukses, tetapi anda belum dapat memenuhi semua janji yang anda ingin lakukan bagi pasangan anda. Mungkin pula anda sedang antusias dengan pekerjaan yang anda pilih, tetapi anda telah menyadari bahwa pekerjaan ini tidak dapat memberikan imbalan finansial yang anda ingin berikan kepada keluarga anda, dan kini anda mulai membenci antusiasme tersebut. Mungkin juga anda orang tua tunggal yang ingin memulai dari awal, tetapi anda ingin memberikan keluarga anda kebebasan.

Lalu, apakah yang menyebabkan beberapa orang mampu mewujudkan mimpinya menjadi kenyataan, sedangkan yang lainnya tidak mampu?

Alasan pertamanya adalah bahwa mereka tidak mengetahui apa yang mereka inginkan atau apa yang mereka perjuangkan, atau mereka terlalu sibuk mewujudkan cita-cita orang lain, bukan cita-citanya sendiri, misalnya, cita-cita orang tua mereka, guru, pasangan atau rekan-rekan mereka.

Alasan kedua adalah mereka tidak mengerti bagaimana caranya menulis rencana kerja.

Apakah yang *sebenarnya* anda inginkan? Saya telah bertanya pada banyak orang yang saya bimbing, dan saya menemukan bahwa banyak diantara mereka merasa ini adalah pertanyaan yang tersulit untuk dijawab. Dengan membaca buku ini, anda akan belajar caranya mengetahui apa yang anda inginkan, bagaimana memprioritaskan cita-cita anda, dan bagaimana mengenali hal-hal yang penting; kemudian anda akan belajar bagaimana caranya menuliskan rencana anda di atas kertas dan mewujudkan cita-cita dan impian anda.

Jadi, pertama mari kita lihat beberapa dasarnya. Apakah artinya kesuksesan? Apakah mencapai cita-cita yang anda ingin raih? Apakah memperoleh lebih banyak uang? Membeli rumah besar? Memiliki tipe mobil yang lebih baru?

Bagi saya, kesuksesan tidak diajarkan di sekolah formal, dan, bila ya, saya mungkin melewatinya. Definisi sukses yang paling tepat yang pernah saya dengar diberikan dari pembimbing pertama saya, George Knight, yang juga mendapatkannya dari pembimbingnya, Paul J. Meyer:

> *"Sukses adalah realisasi progresif dari sebuah cita-cita berharga yang telah ditentukan sebelumnya."*

Sebelumnya saya meyakini bahwa bila anda berada di posisi A, dan tujuan anda adalah untuk meraih posisi B, maka kesuksesan anda adalah bila anda telah berada di posisi B. Sebenarnya, anda bisa dikatakan sukses ketika anda telah *memulai langkah pertama* menuju posisi B, atau menuju cita-cita anda.

JADI SELAMAT! Anda telah sukses, karena anda sedang membaca buku ini.

Banyak diantara kita yang telah mengalami hal ini. Apakah anda menetapkan cita-cita untuk membeli mobil baru dan, ketika anda telah membelinya menjadi sangat gembira dan berjanji akan mencucinya dengan tangan anda sendiri dan menjaganya selalu bersih? Tetapi, dua minggu kemudian, anda membawanya ke tempat cuci mobil. Sekarang anda menganggapnya itu hanyalah sebuah mobil. Kegembiraannya terjadi pada waktu anda mendapatkan mobil tersebut.

Ada banyak orang yang mengejar hal-hal materiil, seperti rumah besar atau mobil mewah seperti Rolls Royce atau Mercedes Benz, namun sebenarnya di hati mereka yang paling dalam sebenarnya mereka juga masih belum bahagia. Ini memang semata-mata bukanlah mengejar tujuan, tetapi yang lebih penting adalah perjalanannya.

Jadi, apakah yang telah menyebabkan anda bersemangat dan terus maju? Apakah cita-cita anda untuk sepuluh tahun ke depan?

Perhatikan catatan ini: Ketika anda menetapkan cita-cita anda, dan anda dalam perjalanan menuju cita-cita anda, beberapa orang mungkin akan mencoba mencuri cita-cita anda. Orang-orang tersebut merasa minder ketika anda sukses dan akan berusaha menghalangi anda. Mereka akan mengganggu anda. Kami menyebut mereka sebagai gangguan kehidupan, dan kesuksesan anda ditentukan dari bagaimana caranya anda menangani gangguan tersebut. Selanjutnya di buku ini, saya akan membagikan beberapa teknik yang telah saya gunakan sehingga saya bisa fokus pada cita-cita saya.

Ingatlah, anda tidak ingin pada nisan anda tertulis, "Di sinilah terbaring Budi Seorang yang Biasa, lahir tahun 1954, meninggal tahun 1991, dan dikuburkan tahun 2044." Ketika anda berhenti menetapkan cita-cita, itu berarti anda mati. Anda tidak berkembang.

Apakah anda ingin menjadi biasa – dengan kehidupan rata-rata? Apakah anda ingin menyerah dan hanya menjalani kehidupan yang disodorkan pada anda? Atau, apakah anda ingin membuktikan batas kemampuan anda?

Mentor kedua saya, Jim Rohn, mengajarkan "anda dapat memiliki lebih banyak daripada apa yang anda miliki sekarang, karena anda bisa menjadi lebih baik daripada diri anda yang sekarang."

Foto dengan Jim Rohn

Selama lebih dari 40 tahun, saya telah melaksanakan apa yang telah saya pelajari dalam hidup saya. Selama lebih dari 24 tahun, saya menyelenggarakan pelatihan dan lokakarya kepada sekelompok peserta mulai dari 30 orang hingga 23.000 orang. Peserta saya terus menerus mempertanyakan saya mengenai buku panduan langkah-demi-langkah dan cara merencanakan tindakan untuk mengubah impian mereka menjadi kenyataan. Ini jugalah yang menjadi salah satu alasan saya menulis buku ini.

Alasan lainnya yang mendasari penulisan buku ini adalah karena saya ingin meninggalkan warisan bagi putri saya, Sa- rah. Jim Rohn pernah mengungkapkan mengenai perpustakaan dan pada akhirnya warisan terbaik yang kita tinggalkan adalah buku jurnal. Saya ingin mewariskan sesuatu untuk putri saya. Atau, mungkin tidak hanya untuk putri saya. Mungkin ketika saya sudah meninggalkan dunia ini, anak cucu saya akan menemukan buku saya, membersihkan debunya, dan membacanya. Mungkin mereka akan berkata, "Wah! Apakah kakek saya sungguh seperti ini? Apakah ini kehidupan kakek saya? Oh! Luar biasa!" Jadi, saya ingin meninggalkan kenangan itu.

Pada bagian pertama buku ini, saya akan menceritakan sedikit mengenai diri saya sendiri, bagaimana saya dapat menemukan informasi yang akan saya bagikan untuk anda.

Selanjutnya saya akan menjelaskan mengenai lima area kehidupan yang dapat mempengaruhi kita semua: lingkungan, kegiatan, pengetahuan, hasil, dan masa depan, termasuk perilaku dan memahami pengembangan diri pribadi. Saya akan mengerjakannya bersama anda caranya menemukan apa yang anda sangat inginkan dalam kehidupan ini, dan membimbing anda dalam menentukan prioritas. Saya akan menunjukkan pada anda bahwa hidup bukan hanya mengenai membuat target keuangan atau cita-cita materiil. Saya akan membawa anda ke seluruh area kehidupan anda: sosial, fisik jasmani, mental, spiritual, bisnis, keluarga, dan keuangan. Lalu, saya akan meminta anda menuliskan rencana tindakan langkah-demi-langkah, menciptakan cetak biru untuk mewujudkan semua harapan dan impian anda.

Setelah mengikuti salah satu lokakarya saya, seorang ibu mengirimi saya surat seperti ini:

"Diantara semua lokakarya yang saya hadiri selama 31 tahun umur saya, hanya anda yang mampu mengajarkan cara praktis untuk menyelaraskan impian, tujuan, rintangan, tenggat waktu, visualisasi dan afirmasi. Sebelum malam ini, saya belum mengetahui bagaimana caranya menjembatani kesenjangan dari sebuah "Impian" untuk semua area hidup saya, dalam sebuah afirmasi. Dulu rasanya sungguh-sungguh seperti saya sedang berusaha belajar mengendarai mobil manual tanpa mengetahui bagaimana cara menghidupkan mesinnya! Setelah lokakarya anda malam ini, sekarang saya memiliki kemampuan, dan lebih dari itu, tanggung jawab, untuk bergerak maju dengan antusias dan melakukan tindakan secara konsisten!"

Sebelum kita mulai, ijinkan saya menjelaskan cara terbaik untuk menggunakan buku ini agar bisa mendapatkan hasil terbaik:

- Anda perlu mempunyai **jurnal** atau **buku kosong** untuk mencatat. Jim Rohn mengajarkan saya bahwa jika kehidupan ini layak untuk dijalani, maka juga layak untuk dicatat. Saya akan menjelaskannya lebih lanjut pada bab pertama.
- Saya juga akan meminta anda untuk melakukan **latihan menulis** agar dapat memanfaatkan latihan-latihan dan buku ini dengan maksimal. Ini sama seperti belajar dengan praktek nyata. Sangat disarankan untuk membaca dan menyelesaikan bab pertama terlebih dulu. Bila anda melompati beberapa bab, anda akan melewatkan beberapa pelajaran penting yang bisa mewujudkan impian anda menjadi kenyataan.
- Prosesnya adalah mendapatkan **informasi** untuk memperoleh **pengetahuan** yang bisa memberikan anda **keyakinan** untuk memetakan **rencana tindakan** yang diperlukan untuk **meraih** hasil yang anda inginkan.

KEAJAIBAN DARI PENULISAN CITA-CITA

Berikut ini adalah contoh kekuatan dari penulisan cita-cita dari Joseph J. Thorndike, Jr.'s dalam buku *The Very Rich: A History of Wealth*, halaman 330.

Tepat sebelum pergantian tahun, 1868, Andrew Carnegie duduk untuk menilai bisnis dan kehidupannya. Ini, adalah bagian dari angan-angannya, beliau menulis:

Tiga puluh tiga tahun dan berpenghasilan sebesar $50.000 per tahun. Dalam dua tahun mendatang saya akan memiliki bisnis dengan penghasilan minimal $50.000 per tahun. Sebelumnya tidak pernah melebihi jumlah ini – tidak melakukan apapun untuk meningkatkan kekayaan, tetapi hanya menghabiskan sisa tabungan untuk tujuan amal. Selamanya bukan untuk keperluan bisnis kecuali untuk kepentingan orang lain . . .

Carnegie muda tidak memenuhi kontrak dirinya ini pada jadwal yang telah ditentukan. Selama tiga puluh tahun selanjutnya beliau membangun perusahaan metal terbesar dunia dan pada akhir abad itu memperoleh kekayaan yang mungkin hanya sedikit di bawah John D. Rockefeller. Selama bertahun-tahun memorandum tersebut tersimpan dalam laci mejanya, dan mungkin tersimpan dalam hatinya saja. Kemudian, ketika beliau berumur enam puluh tujuh tahun, beliau menjual bisnisnya sebesar empat ratus delapan puluh juta dolar dan mengabdikan sisa hidupnya yang panjang untuk membagikan hampir semua kekayaannya. Hari ini kekayaan itu akan bernilai milyaran dolar . . .

1. Pengembangan Diri

"Filosofi pribadi anda adalah faktor penentu terbesar dalam mewujudkan kehidupan anda."
— Jim Rohn

Darimana Saya Berasal, dan Bagaimana Saya Melihat Kehidupan

Saya lahir di Yunani, dan ayah dan ibu saya pindah ke Australia pada tahun 50-an. Ayah dan ibu saya bercerai pada waktu saya berusia lima tahun, dan ibu menikah kembali dengan ayah tiri saya, seorang pria Jerman. Saya sangat bersyukur dibesarkan oleh orang-tua imigran.

Ketika saya remaja, saya ingin menjadi terkenal, saya ingin menjadi bintang film; seperti Elvis. Saya sering duduk di depan cermin, mencoba menyisir rambut saya ke belakang ala Elvis, sambil memegang sisir dan berlatih bernyanyi, belajar bermain gitar. Itulah impian saya ketika saya remaja.

Saya juga melihat ayah dan ibu saya berhenti bekerja dan memulai bisnis. Mereka membeli sebuah toko menjual makanan di Adelaide, Australia Selatan di mana mereka harus bekerja keras dalam waktu yang panjang, tujuh hari seminggu, dari jam 7 pagi hingga pukul 11 malam, dan saya akhirnya menyadari bahwa perolehan laba tersebut lebih baik daripada upah.

Jadi, saya ingin masuk ke bisnis dari awal. Saya berpikir bahwa kehidupan menyuguhkan kita dengan hal-hal tertentu yang kita perlu pelajari di sepanjang jalan pencapaian tujuan kita. Kebanyakan orang tidak menemukan apa yang mereka ingin lakukan hingga mereka berumur 30-an dan 40-an, dan beberapa mungkin di usia 50-an dan 60-an.

- **Pelajaran:** Perolehan laba lebih baik daripada upah.
- **Pelajaran:** walaupun bekerja dalam waktu panjang juga penting, "tetapi bila anda bekerja keras terus menerus, anda juga akan kelelahan." Maka belajarlah untuk bekerja dengan pintar.

Saya bukanlah murid teladan di sekolah; malah saya berhenti sekolah setelah tahun 11, pada usia 16 tahun. Saya tidak lulus pada setiap mata pelajaran kecuali geografi, dan alasan satu-satunya saya lulus adalah karena guru saya. Beliau memulai setiap tahunnya dengan pidato, mengatakan bahwa semua muridnya lulus. Beliau berkata, "Jika kalian mempelajari catatan saya, kalian bisa mendapatkan nilai A; jika kalian membaca catatan saya, kalian bisa mendapatkan nilai B; jika kalian membaca sekilas catatan saya, kalian akan mendapatkan nilai kelulusan C." Semua muridnya lulus. Pelajaran sederhananya adalah *berharap pada diri sendiri*.

Contoh lainnya mengenai berharap pada diri sendiri adalah dalam kasus Pangeran Persia Hunchback. Takdirnya memang suatu hari nanti menjadi seorang raja, namun dengan kecacatannya yang tragis, kerajaan pun enggan untuk memiliki pangeran seperti beliau. Meskipun desas-desus tersebut mengganggu pangeran, namun tidak menghalangi niatnya. Hingga suatu hari, pangeran membuat satu perintah aneh. Beliau memerintahkan pemahat kerajaan untuk membuat patung marmernya. Pada patung marmer tersebut penampilannya memang dibuat berbeda, dan merupakan gambaran mirip dirinya, namun tegap tanpa kecacatan.

- **Pelajaran:** Bentuklah diri anda menjadi kemiripan, namun lebih sempurna.

Ketika patung telah selesai dipahat, pangeran menempatkannya di tengah-tengah istana. Kemudian, setiap hari-tanpa terlewat-pangeran akan menghampiri patung tersebut, membuka bajunya, dan mencoba berdiri meluruskan punggungnya terhadap punggung patungnya tersebut.

Lalu, suatu hari, pangeran mendengar komentar dari pelayan istana tentang sang pangeran yang berdiri tegak, dan ini semakin membakar semangatnya. Pangeran terus melakukan ritual hariannya dan bekerja lebih keras mencoba meluruskan punggungnya terhadap punggung patung marmer dirinya.

Lalu pada suatu hari seperti biasa – dia membuka bajunya, dan meluruskan punggungnya – pangeran sangat gembira karena kini dia bisa merasakan pundaknya bersentuhan dengan marmer dingin tersebut. Pangeran kini telah menyerupai patungnya.

Hidup anda hampir mirip dengan kisah Pangeran Persia Hunchback. Hidup anda berisi rahasia ketidaksempurnaan dan cacat, tergantung pada apa yang anda ingin yakini.

- **Pelajaran:** Umpamakan anda memiliki patung diri anda sendiri dan bayangkan bagaimana anda ingin terlihat; buatlah gambaran anda yang sempurna. Lalu, bandingkan dengan seksama diri anda dengan gambaran ini dan pada saat yang sama, berusahalah untuk mewujudkannya. Sama seperti Pangeran Persia Hunchback, suatu hari nanti anda akan merasakan kegembiraan mendapatkan diri anda menjadi sama seperti gambaran yang anda bayangkan.

Ketika imigran Yunani gagal dalam semua mata pelajaran di sekolah, apa yang dia lakukan? Dia menjadi pengusaha. Saya selalu membuat lelucon ini di seminar saya. Saya tahu bahwa ini tidak apa-apa, karena orang tua saya juga telah memutuskan untuk menjadi pengusaha.

Sebelum saya menjadi wiraswasta, sangat penting bahwa saya telah melengkapi diri saya dengan pembelajaran apa rasanya bekerja untuk seorang atasan. Pekerjaan pertama saya di Adelaide, Australia Selatan pada awal tahun 70-an sebagai perwakilan penjualan junior untuk perusahaan grosir besar G&R Wills. Satu-satunya alasan mengapa saya mendapatkan pekerjaan itu karena ibu saya mengatakan bahwa sangat penting untuk berjabat tangan dengan perasaan yakin. Direktur Pelaksana G&R Wills yang mewawancarai saya. Beliau tidak melihat buku raport dari sekolah terlebih dulu – beliau hanya mengatakan, "Jabat tangan tadi jauh lebih baik daripada semua peserta yang saya temui sepanjang pagi ini." Kemudian, beliau melihat buku raport saya dan terkejut dengan angkanya. Beliau meletakkan buku raport saya dan mulai menanyakan tentang diri saya, latar belakang, dan mengapa saya menginginkan pekerjaan tersebut.

- **Pelajaran:** 30 detik pertama pertemuan anda akan menentukan kesuksesan anda dengan orang tersebut.

Walaupun saya perwakilan junior, sebagian dari pekerjaan saya adalah menyirami air di lantai setiap pagi (lantai kayu); maka air akan merembes ke dalam debu sehingga ketika saya mengepel lantainya, debu tidak akan beterbangan ke udara dan menempel pada barang. Selanjutnya, bagian pekerjaan saya yang paling penting adalah membungkus paket yang telah dibeli konsumen dan meletakkannya ke peluncur untuk dikirim atau diambil.

- **Pelajaran:** sangatlah penting untuk menanamkan keyakinan pada konsumen bahwa mereka dihargai.

Saya pernah melihat ayah saya memberikan pelayanan terbaik kepada semua konsumen toko makanannya dengan memberikan mereka pujian, pelayanan lebih baik, atau sedikit hadiah. Saya pun melakukan hal yang sama, dan konsumen saya nantinya hanya akan mencari saya untuk melayani mereka di G&R Wills.

Pekerjaan kedua saya yang kedua adalah sebagai pengantar surat di IPEC Australia. Saya meninggalkan G&R Wills karena ibu saya selalu mengatakan bahwa jika saya mempunyai pekerjaan yang mengharuskan saya mengenakan dasi, maka saya sudah sukses. Jadi, saya akhirnya mencari pekerjaan lain di mana saya harus memakai dasi, dan saya menjadi pengantar surat di IPEC Australia. Saya satu-satunya anak pria diantara 14 anak wanita di departemen itu.

Suatu hari, saya diminta untuk menjemput Direktur Pelaksana (DP) perusahaan dari bandara Adelaide. Memang tidak biasa untuk meminta pengantar surat untuk menjemput DP atau mengemudikan mobil perusahaan untuk menjemputnya, tetapi dengan latar belakang etnis saya, saya memang terlihat lebih matang daripada anak pengantar surat lainnya. Saya diberikan petunjuk bagaimana mengemudikan mobil, mengerem perlahan dan tidak berbicara sebelum DP berbicara lebih dulu. Sungguh membuat gugup.

Saya menjemput DP dan dalam perjalanan pulang ke kantor, beliau menanyakan pada saya apa yang saya lakukan di perusahaan. Saya memberitahukan beliau bahwa saya pengantar surat. Beliau sangat terkejut dan menanyakan usia saya. Saya memberitahukan beliau saya hanya 17 tahun. Lalu beliau juga menanyakan pekerjaan apa yang saya inginkan di perusahaan, dan saya memberitahukan beliau bahwa saya menginginkan pekerjaannya.

Pada hari berikutnya, saya ditelepon manajer departemen pengantaran surat. Awalnya saya mengira saya telah membuat kesalahan pada DP. Dengan penuh keheranan, saya dipromosikan menjadi staf bagian hutang. Latar belakang etnis sayalah yang telah membuat saya dipromosikan.

Promosi saya selanjutnya terjadi tiga minggu berikutnya, karena ibu saya mengajarkan saya untuk selalu melakukan lebih daripada gaji yang saya terima. Saya bekerja lembur, juga pada hari libur, untuk menyelesaikan pekerjaan saya. Rekan kerja saya memberitahu saya untuk lebih santai karena saya menjadikan mereka terlihat malas.

Setelah tiga minggu sebagai staf bagian hutang, saya dipromosikan sebagai staf kontrol kredit. Tugas saya adalah menelepon para konsumen yang telah melewati masa pembayaran transportasi mereka dengan agen kredit (anak perusahaan terpisah). Telepon saya merupakan kesempatan terakhir bagi mereka untuk membayar sebelum diproses sesuai aturan hukum yang berlaku. Saya memiliki beberapa nomor telepon yang berbeda, kop surat, dan alamat surat menyurat. Meskipun demikian, walaupun saya mendapatkan promosi dan jabatan baru, saya tidak mendapatkan tambahan gaji.

- **Pelajaran:** Lakukan lebih daripada gaji yang anda terima.
- **Aturan 80/20:** 80% orang hanya mengerjakan 20% pekerjaan, dan 20% orang mengerjakan 80% jumlah pekerjaan.

Pekerjaan ketiga saya adalah tenaga kontrak untuk pembersih jendela dan kantor. Saya bekerja dari jam 5 pagi hingga jam 7 pagi, enam hari seminggu, dan saya mendapatkan penghasilan yang sama seperti penghasilan pekerja tetap. Pekerjaan ini memberikan saya banyak waktu luang sepanjang hari, tetapi saya hanya melakukannya selama empat bulan, karena saya tidak terlalu suka bangun terlalu pagi.

Pagi hari yang tidak bisa berkompromi dengan saya, akhirnya saya mendapatkan pekerjaan keempat di John Martins bagian pakaian pria. Sekali lagi, saya melakukan ini hanya tiga bulan, karena saya harus melapor kepada empat manajer: manajer untuk jeans pria, manajer untuk celana pendek pria, manajer untuk celana pria, manajer untuk setelan pria. Diperintahkan untuk melakukan satu pekerjaan oleh manajer yang satu, kemudian harus menghentikannya dan mengerjakan pekerjaan lainnya dari manajer lain, sungguh sangat membuat frustasi. Saya akhirnya memutuskan untuk memulai bisnis dan menjadi bos untuk bisnis saya sendiri.

Pada usia saya yang ke-18, saya membuka Kim's Books & Stationary. Ini usia di mana kebanyakan orang mengira mereka telah mengetahui segalanya. Saya meminjam uang dari orang tua saya sebanyak $3.000 untuk membuka toko. Ayah berusaha memperingatkan saya bahwa saya sedang menuju arah yang salah, tetapi saya mengatakan bahwa saya yakin dengan keputusan saya, dan ayah akhirnya meminjami saya uang.

- **Pelajaran:** Beberapa pelajaran memerlukan pengalaman nyata untuk dipelajari.

Saya bersyukur pada ayah saya yang telah mengijinkan saya mendapatkan pelajaran dan mengalami pelajaran-pelajaran tersebut sendiri. Keputusan saya memang tepat, tetapi saya masih perlu banyak mempertimbangkan hal lain selain biaya sewa yang murah dan perhitungan untung rugi. Nyatanya, saya memilih lokasi di mana semua orang dapat melihat merek toko "Kim's Stationary & Books," tetapi terletak di jalan simpang-lima, di sudut jalan Payneham, Magill, Fullarton, dan Jalan North Terrace di Australia Selatan. Saya baru menyadarinya, setelah pembukaan, mengapa harga sewanya murah – ini karena tidak ada yang bisa berhenti, parkir, dan mampir ke toko.

Jadi, saya hanya bisa duduk di toko bagus dengan lokasi paling baik tetapi tanpa pengunjung. Lalu apa yang harus saya lakukan lagi? Saya menutup toko dengan tanda "kembali dalam satu jam" dan mengunjungi beberapa bisnis lainnya di area sekitar. Saya memperkenalkan bisnis saya, diri saya dan menawarkan produk saya serta mengantarkan barang-barang keperluan kantor mereka. Saya bertahan, tetapi saya hanya mendapatkan penghasilan yang sama seperti yang saya dapatkan di John Martins. Jadi, ketika jangka waktu sewa 12 bulan berakhir, saya melepaskan tawaran tiga-tahun perpanjangan. Saya menutup toko dan menjual sisa barang untuk mengembalikan pinjaman dari ayah, dan saya mengubah haluan karir sebagai staf penjualan asuransi jiwa dengan basis komisi dari salah satu konsumen saya, Cooper & Mildren Insurance Brokers. Saat inilah di mana saya mulai menghasilkan uang lebih banyak daripada rekan-rekan saya. Ketika teman-teman sekolah saya berpenghasilan $5.000 setahun, saya bisa menghasilkan komisi $25.000 setahun. Pada tahun 1973, penghasilan tersebut setara dengan $300.000 hari ini.

Pembimbing Pertama Saya

Saya bertemu pembimbing saya yang pertama, George Knight, ketika saya bekerja di Copper & Mildren Insurance Brokers. Copper & Mildren juga merupakan rekan dengan Mercantile Mutual Insurance dengan banyak broker lainnya.

Suatu hari, saya bertemu dengan pria bernama Dean yang juga menjual asuransi jiwa berbasis komisi. Setelah itu, saya mengetahui bahwa Dean adalah kakak dari George. Dean pada suatu hari bertanya pada saya, "Apakah anda ingin menjadi jutawan?" Saya pun berkata, "Ya, tentu saja." Dean juga mengatakan kenal dengan seorang pria yang dapat menolong, tetapi tidak dapat menerima semua orang, karena 99% klien yang diterimanya berhasil sukses dan menjadi jutawan. Dean juga memperingatkan saya bahwa jika terjadi pertemuan, maka saya tidak boleh terlambat ataupun membatalkan karena tidak akan ada kesempatan kedua.

Pria yang dimaksud Dean adalah kakaknya, George Knight, dan walaupun mereka kakak beradik, Dean tidak dapat menjamin bahwa George pasti bersedia menerima saya sebagai kliennya. Baru setelah itu saya belajar bahwa inilah yang dinamakan dengan *edifikasi (mempromosikan seseorang).*

Setiap hari selama dua minggu, merupakan penantian bagi saya, dan saya terus menanyakan Dean apakah saya sudah dapat menemui George. Saya seperti anak anjing yang kelaparan, menunggu dengan was-was. Hingga akhirnya, Dean datang dan berkata, "Saya sudah mendapatkan jadwal pertemuan dengan George jam 6 pagi Kamis mendatang." Saya sungguh terkejut, karena biasanya saya masih tertidur pada pukul 6 pagi, tetapi saya segera teringat peringatan Dean bila saya terlambat atau membatalkan pertemuan.

Pada malam sebelum hari Kamis, pertemuan jam 6 pagi, saya memasang alarm dan memastikan saya akan menghadiri pertemuan tanpa terlambat. Saya menunggu di depan kantor George di Jalan Green Hill pada pukul 5:30 pagi. Saya tidak akan kehilangan kesempatan menjadi kliennya dan menjadi salah satu dari 99% jutawan. Kemudian, seorang pria muda dengan rambut pirang panjang seperti peselancar terlihat keluar dari mobil Mercedes Benz biru dengan tulisan berwarna emas pada sisinya *"Motivation Enterprises"*.

Jika apa yang George katakan adalah dongeng sebelum tidur, saya tetap mempercayainya karena edifikasi yang telah ditanamkan Dean. Saya telah terlanjur mempercayai apapun yang dikatakan George sebelum George tiba.

- **Pelajaran:** Memahami dan mempelajari cara edifikasi (mempromosikan seseorang).

Saya masuk lima menit sebelum jadwal yang ditentukan, dan George keluar dari ruangannya untuk menyambut saya. Berjalan ke dalam ruangannya, saya menyadari bahwa saya belum pernah melihat perabotan kantor dengan tatanan seperti itu. Meja kantor George menghadap dinding di pojok ruang, di mana George duduk menghadap tembok tersebut. Beliau mengisyaratkan saya untuk duduk di kursi sebelah kanannya, di sisi mejanya dengan punggung di dinding. Tidak ada penghalang di antara kami.

Beliau mengambil secarik kertas dan menggambar dua lingkaran. Beliau berkata, "Dua lingkaran ini di ibaratkan seperti dua telur. Kebanyakan orang berbincang dari kulit telur-ke-kulit telur dan dia menambahkan gambar garis diantara dua lingkaran tersebut. Yang saya maksudkan dari kulit telur-ke-kulit telur sebagai perbincangan dengan halangan, anda akan memberitahukan saya apa yang anda ingin saya pikirkan tentang anda, dan saya akan memberitahu kepada anda apa yang saya ingin anda pikirkan mengenai saya. Saya ingin memecahkan kulit telur itu." Lalu beliau menggambar dua lingkaran di dalam lingkaran dan berkata, "Saya ingin kita bisa berdiskusi kuning telur-ke-kuning telur. Tidak ada omong kosong, dan hanya ada kejujuran. Jika kita tidak bisa jujur satu sama lain, maka kita tidak bisa melanjutkan pertemuan ini lebih lanjut."

Jadi inilah kesepakatannya. Saya tidak pernah dibincangkan tentang kejujuran seperti ini sebelumnya, dan tentu saja saya menyetujuinya. Hingga hari ini, saya menggunakan pendekatan kejujuran ini dan teknik presentasi untuk membangun hubungan kerja dengan rekan kerja dan orang-orang yang saya bimbing.

- **Pelajaran:** Biasanya orang akan bekerja sama hanya dengan orang lain yang mereka suka dan percayai.

Hal lainnya yang dipresentasikan George adalah cerita tentang motivasi. Beliau menggunakan perumpamaan keledai yang menarik gerobak. Untuk menarik gerobaknya, keledai harus dicambuk, tetapi setelah beberapa lama keledai tidak mau berjalan lagi walaupun anda terus mencambuknya. George menyebut ini sebagai *motivasi menakutkan*: jika anda sering diancam akan dipecat, maka setelah beberapa lama, ancaman itu tidak lagi menakutkan, dan anda mulai mengabaikannya, menutup telinga rapat-rapat.

George menyebut motivasi berikutnya *motivasi insentif.* Untuk membuat keledai menarik gerobaknya, anda harus menggantungkan wortel di depan matanya, dan setiap beberapa saat, mengijinkannya untuk menggigit wortelnya. Masalah dengan motivasi insentif ini adalah anda memerlukan wortel yang lebih besar dan lebih besar lagi hingga keledai kenyang dan berhenti bergerak. Motivasi insentif hanya berfungsi jika subyeknya memerlukan insentif. Kedua jenis motivasi tersebut tidak bersifat permanen. Jenis motivasi yang George ingin saya pahami, dan akan dipahami bila saya sebagai klien adalah *motivasi perilaku.* Jika anda bisa mengubah keledai tersebut menjadi pacuan kuda jantan , maka keledai akan berlari secepat angin. Bila anda menggunakan jenis motivasi ini, maka anda dapat mengubah perilaku seseorang dan mengubahnya menjadi orang hebat.

George lalu menjelaskan bahwa sukses hanyalah perbedaan kecil. Beliau menyebutnya sebagai Prinsip Perbedaan Tipis (*Slight Edge Principle*). Beliau mengatakan bahwa kuda yang memenangkan Piala Melbourne dengan hidungnya, mendapatkan hadiah 1 juta dolar, dan kuda yang menempati urutan kedua mendapatkan $100.000. Beliau mengatakan, "Apakah pemenang yang mendapatkan hadiah sepuluh kali lipat tersebut harus berlari sepuluh kali lipat lebih cepat? Tentu saja tidak. Pertandingan dimenangkan hanya dengan sebuah perbedaan tipis-sejarak ukuran hidung, Untuk memenangkan pertandingan bukan berarti harus mengerjakan sepuluh kali lipat. Ini hanya berarti berupaya lebih baik pada hari yang tepat dengan usaha lebih keras."

Saya juga selanjutnya belajar bahwa Prinsip Perbedaan Tipis juga dapat digunakan untuk hal negatif, seperti yang dijelaskan dengan tepat oleh Jim Rohn.

Dalam bukunya *The Five Major Pieces to the Life Puzzle* (1991), Jim menyatakan bahwa kegagalan bukan hanya satu peristiwa, melainkan suatu rangkaian bencana. Anda tidak dapat gagal hanya dalam semalam. Kegagalan adalah hasil dari pemikiran yang buruk dan pilihan yang buruk, yaitu penilaian yang buruk dan berulang setiap hari.

Atribut kegagalan yang paling berbahaya, menurut Jim adalah, kesalahan kecil. Kesalahan kecil yang tampaknya tidak berarti di jangka pendek; biasanya tidak dianggap sebagai penyebab kejatuhan. Nyatanya, kesalahan kecil dalam penilaian kadang-kadang terjadi pada saat hidup anda makmur dan bahagia. Karena tidak ada akibat langsung yang mampu menyita perhatian anda, maka anda akan terus terhanyut setiap hari mengulangi kesalahan anda, mendengarkan penjelasan orang yang salah, memikirkan hal yang salah, dan membuat pilihan yang salah.

Ini adalah hal yang penting, lanjut Jim, untuk menyempurnakan filosofi anda agar dapat membuat keputusan yang tepat. Dengan filosofi yang kuat dan pribadi yang membimbing setiap langkah anda, maka anda akan menjadi semakin menyadari kesalahan penilaian anda, dan anda akan menjadi lebih menyadari setiap kali terjadi kesalahan.

Kabar baiknya, ungkap Jim, adalah seperti layaknya rumus untuk kegagalan, maka rumus untuk kesuksesan juga mudah untuk diikuti. Ini merupakan segenggam disiplin-disiplin mudah yang harus dipraktekkan setiap hari. Tetapi, beliau juga menanyakan, bagaimana caranya mengubah kesalahan dalam rumus kegagalan menjadi disiplin-disiplin yang diperlukan untuk rumus kesuksesan? Jawabannya adalah dengan membuat masa depan sebagai bagian penting dari filosofi yang anda percayai sekarang.

Salah satu hal menarik mengenai rumus untuk sukses adalah bahwa hasilnya terjadi hampir secara langsung. Bila kita selalu dengan sadar mengubah kesalahan sehari-hari menjadi disiplin-disiplin rutin harian, maka kita akan memberikan hasil positif dalam periode sangat singkat. Disiplin baru apapun yang kita telah mulai praktekkan setiap hari akan memberikan hasil yang menyenangkan yang dapat menjadikan kita lebih baik dalam mengembangkan disiplin-disiplin baru.

Keajaiban sesungguhnya dari disiplin-disiplin baru tersebut adalah kemampuannya untuk mengubah pemikiran kita. Jika kita memulainya sekarang dengan membaca buku, menyimpan jurnal, menghadiri seminar, dan mendengarkan serta mengamati lebih banyak, maka hari ini akan merupakan hari pertama dalam kehidupan baru anda demi menuju masa depan yang lebih baik. Jika kita bisa memulainya hari ini, berusaha lebih keras, dan dalam segala cara menjadikannya lebih sadar dan usaha yang konsisten untuk mengubah kesalahan kecil dan fatal menjadi disiplin-disiplin membangun dan bermanfaat, maka kita tidak lagi pernah puas dengan kehidupan kita sekarang- maka kita telah merasakan buah dari sebuah hakekat kehidupan! (Rohn, 1991)

Presentasi George cukup baik bagi saya, dan saya bisa mempelajarinya sendiri (swa-belajar). Saya telah membeli tiga program dari George. Setiap programnya berisi dua buku dan 6-12 kaset audio (bagi kaum muda, kaset audio sama seperti audio MP3).

Saya telah mendengarkan setiap kaset audio setiap hari selama tujuh hari, dan mengerjakan latihannya. Ini merupakan sistem cara belajar pengulangan berjeda (*spaced repetition*), yaitu melakukan pengulangan setelah jeda optimum, pada waktu yang tepat.

- **Pelajaran:** Pengulangan berjeda (*spaced repetition*) adalah sumber segala kepandaian.

Pikirkanlah hal ini, sebagai seorang anak, bagaimana caranya anda mempelajari tabel waktu? Anda harus mengulanginya terus menerus. Biasanya memerlukan 21 hari untuk membentuk kebiasaan baru.

- **Pelajaran:** Memerlukan 21 hari untuk membentuk kebiasaan baru.

Saya menentukan cita-cita dan mulai berusaha meraihnya. Dalam beberapa bulan, saya membeli properti saya yang pertama dan sebuah Mercedes Benz di usia saya yang ke 19.

Foto dengan George Knight

Ketika saya menjual asuransi jiwa, saya menjadi broker asuransi, dan dalam membangun hubungan dengan klien saya, saya terus menerus menanyakan pertanyaan tentang pengembangan diri. Perlahan namun pasti, saya menjadi lebih dan lebih lagi tertarik untuk terlibat dalam industri pengembangan diri.

Di usia saya yang ke 24, saya bermitra dengan Ian Forrester dan mendapatkan akreditasi untuk mengadakan program pelatihan tiga-hari yang dinamakan "Petualangan dalam Perilaku (*Adventures in Attitudes*)." Saya kemudian mengundang Dr. Denis Waitley (dan orang seperti beliau) ke Australia untuk mempromosikan buku beliau, *The Psychology of Winning,* dan seminar beliau, 10 Kualitas dari Pemenang Sejati (*The 10 Qualities of a Total Winner*).

KEAJAIBAN DARI PENULISAN CITA-CITA

Setelah saya melewati salah satu masa tersulit dalam hidup saya, yang tidak saya tulis dalam buku ini – mungkin akan menjadi cerita dalam buku saya berikutnya – Ian menawarkan saya peluang. Ian menanyakan jika saya bersedia untuk pindah ke Sydney, Australia untuk mempromosikan bisnis pengembangan diri. Kami telah berhasil memasarkan seminar Dr. Waitley, dan saya adalah "the Man from MARS." MARS adalah program pelatihan menjual perumahan yang diajarkan kepada agen properti.

Kendala saya yang pertama adalah bahwa saya tidak memiliki uang. Kenyataannya, saya hanya memiliki tabungan $180 dan saya harus pergi ke Sydney untuk memulai bisnis pengembangan pribadi. Saya memiliki kaset audio salah satu orang yang kami ingin datangkan ke Australia untuk dipromosikan dan sepuluh video seminar Dr. Waitley. Untuk mendapatkan penghasilan, gagasan saya adalah menawarkan ke berbagai perusahaan agar dapat mengirim staf mereka ke seminar video Dr. Waitley yang saya adakan.

Akhirnya, saya mengambil sikap dan $180, dan berangkat ke Sydney.

Kaset audio yang saya bawa ke Sydney, salah satunya berisi ungkapan Jim Rohn, yang menyatakan, "Untuk hal-hal yang perlu diubah, anda harus mengubahnya . . . Untuk mengubah hal-hal menjadi semakin baik, anda harus menjadi yang lebih baik." Prinsip inilah yang berperan membentuk keteguhan hati saya sehingga mampu meraih semua yang saya inginkan.

Dalam waktu dua minggu, bisnis saya akhirnya siap dan saya mendapatkan uang dari penjualan tiket seminar video Dr. Waitley. Ketika sekarang saya kilas balik pada masa itu, saya masih tidak mempercayai beberapa hal yang saya pernah lakukan waktu itu.

Sembilan puluh hari kemudian, Seminars International (nama perusahaan saya) menyelenggarakan seminar Jim Rohn yang pertama di Sydney. Kami berhasil menjual 197 tiket seharga $99 per tiket, dan memperoleh pendapatan bersih sejumlah $19.503.

- **Pelajaran:** Pengembangan diri adalah kemampuan anda untuk mengatasi gangguan kehidupan atau bergerak maju melewati hambatan dan rintangan.

Pembimbing Kedua Saya

Ada pepatah yang mengatakan, ketika murid telah siap, guru akan datang. Dan memang benar adanya. Pengaruh terbesar kedua dalam hidup saya adalah seorang pria bernama Mr. E. James Rohn, kini lebih dikenal sebagai Jim Rohn.

Saya terlibat dalam memasarkan seminar langsung (live) yang diadakan sore hari oleh Jim, yang berjudul Tantangan untuk Sukses (*The Challenge to Succeed*), serta manajemen tiga-hari dan seminar kepemimpinan, yang keseluruhan acaranya kami dokumentasikan ke dalam video untuk membuat seminar video.

Saya mengikuti Jim keliling Australia, mendengarkan dan mencatat semua kegiatannya. Saya menyimaknya berulang-ulang, menggunakan fungsi repetisi hingga kata-kata sederhana namun berpengaruhnya menjadi bagian dari hidup saya.

Salah satu pelajaran terbaik yang saya pelajari dari Jim Rohn adalah bahwa "filosofi pribadi anda adalah faktor penentu terbesar" yang membentuk kehidupan anda.

Memang benar, saya menyadari bahwa perilaku adalah segalanya. Sebuah *ide* atau *pemikiran* yang tersimpan lama dalam pikiran anda akan menjadi *perilaku*, apakah itu positif ataupun negatif. Tontonan dan berita buruk tentang pengeboman, kita sering berpikir, "Bagaimana mereka dapat melakukannya?" Sebenarnya, itu bermula dari sebuah pemikiran yang tersimpan dalam benak sampai berubah menjadi perilaku.

Berikut ini adalah tambahan beberapa pelajaran Jim:

- "Manusia dapat menata ulang kehidupan mereka kapanpun mereka inginkan dengan cara menyempurnakan filosofi mereka."
- "Untuk hal-hal yang harus diubah, anda perlu berubah."
- "Untuk mengubah hal-hal menjadi lebih baik, anda harus menjadi lebih baik."
- "Jika anda tidak menyukai keadaan anda saat ini, bergeraklah; karena anda bukanlah sebuah pohon."
- "Jagalah selalu pintu pikiran anda."

Dan ada ratusan dan ratusan pelajaran lainnya. Saya merekomendasikan siapapun untuk menjadi murid Jim Rohn. Untuk bahan pelajarannya, dapat membuka tautan www.jimrohn.com.

Pelajaran yang sangat mendalam yang telah membawa pengaruh besar dalam hidup saya adalah menyimpan jurnal, pelajaran yang berisi kutipan Jim berikut ini:

"Jangan gunakan pikiran anda sebagai lemari penyimpanan. Gunakan pikiran anda untuk

menyelesaikan masalah dan menemukan jawaban; mencatat ide-ide cemerlang di dalam jurnal anda."

Mengapa Anda Harus Memiliki Jurnal

oleh Jim Rohn

Jika anda serius ingin menjadi individu yang kaya, berkuasa, pandai, sehat, berpengaruh, berbudaya dan unik, buatlah jurnal-jangan mengandalkan ingatan anda. Ketika anda mendengar sesuatu yang berharga, catatlah. Ketika anda menemui sesuatu yang penting, catatlah.

Saya dulu terbiasa mencatat pada secarik kertas dan di ujung robekan kertas dan di balik amplop tua. Saya mencatat ide pada brosur restoran, kertas panjang, kertas kecil, potongan kertas dari laci. Dan cara terbaik untuk mengorganisir semua ide adalah dengan mencatat pada sebuah jurnal.

Jadi saya mulai rajin membeli buku kosong. Banyak orang menanyakan mengapa saya membeli buku kosong. "Dua-puluh-enam dolar untuk sebuah buku kosong! Buat apa membelinya?" tanya mereka. Ya, alasan saya membelinya adalah untuk menantang diri saya sendiri apakah saya mampu menemukan sesuatu seharga $26 untuk dicatat di sana. Bila anda pernah membaca salah satu buku saya, anda tidak perlu membaca banyak lembarnya untuk mencari harta senilai buku tersebut.

Menyimpan jurnal sangat penting. Nyatanya, itu merupakan salah satu dari tiga harta karun yang dapat diwariskan ke generasi selanjutnya:

1. Foto anda. Ambil sebanyak-banyaknya. Jangan malas untuk memotret sebuah kejadian. Berapa lama yang dibutuhkan untuk memotret? Hanya sepersekian detik. Berapa lama yang dibutuhkan bila anda melewatkan sebuah acara? Hanya

sepersekian detik. Jadi jangan malas memotret-
karena bila anda sudah tidak ada, mereka akan
menyimpan memori anda agar tetap hidup.

2. Perpustakaan anda. Ini merupakan perpustakaan
yang mengajarkan, menginstruksikan anda untuk
melindungi cita-cita anda. Membantu
mengembangkan filosofi anda. Membantu anda
menjadi kaya, berkuasa, sehat, pandai dan unik.
Perpustakaan anda, berisi buku-buku pedoman
anda – yang mengisi pikiran dan jiwa anda –
merupakan salah satu hadiah terbaik yang dapat
anda wariskan.

3. Jurnal anda. Ide yang anda pilih dan informasi
akurat yang anda kumpulkan. Diantara ketiganya,
menulis jurnal adalah salah satu indikasi terbaik
yang menyatakan anda pelajar serius. Memotret –
sangat mudah. Membeli buku di toko buku – juga
cukup mudah. Menjadi murid dalam kehidupan
anda sendiri, masa depan anda sendiri, nasib anda
sendiri, bisa menjadi tantangan yang menarik.

Luangkan waktu anda untuk mencatat dan
menyimpan jurnal. Anda akan bersyukur bila telah
melakukannya. Ini merupakan warisan yang akan
anda tinggalkan ketika anda sudah tidak ada. Harta
karun yang dapat dinikmati hari ini!

Apa Visi atau Misi Anda?

Belum lama ini saya mendapat pertanyaan, apa misi dan visi saya. Pertanyaan yang bagus, dan mungkin dapat menjadi salah satu pertanyaan penting.

Selama lebih dari 44 tahun masa kerja, saya telah banyak terlibat dengan misi orang lain, misi yang saya bantu wujudkan untuk orang lain.

Jadi, mengapa kita harus memiliki visi atau misi? Memiliki visi atau misi dapat membantu anda fokus pada hal-hal yang penting. Hal tersebut akan membawa anda melihat gambaran kehidupan secara penuh dan membuat impian anda lebih besar daripada anda, serta memberikan kemampuan bagi anda untuk membagikan impian anda secara sederhana dan singkat.

Pembimbing saya, George Knight, menjelaskan bahwa visi dan misi saya menjadi pemikiran yang pertama muncul pada saat anda bangun tidur di pagi hari. Bagi kebanyakan orang, ini merupakan konsep yang mengerikan. Cobalah-perhatikan apa yang anda pikirkan di pagi hari. Jika itu mengenai tagihan dan masalah, maka hal itulah yang akan anda tarik ke dalam hidup anda: lebih banyak tagihan dan lebih banyak masalah. Anda dapat mengubah keadaan ini.

> *"Manusia dapat menata ulang kehidupan mereka kapanpun mereka inginkan dengan cara menyempurnakan filosofi mereka."*
>
> – Jim Rohn

Bagi saya, visi dan misi saya adalah menemukan diri orang lain yang sama dengan saya; menemukan murid yang akan saya ajarkan semua yang saya pernah pelajari, sehingga saya dapat meningkatkan kekayaan dan kesehatan mereka, dan meminta mereka membayar ke depan (pay it forward); dan meraih *philotimo*.

Bagi mereka yang belum mengetahui arti *philotimo*, ini adalah penjelasan dari Wikipedia:

> Philotimo dianggap sebagai yang terbaik dari segala kebaikan Yunani, yang menentukan dan mengatur tentang bagaimana seseorang harus berperilaku dalam keluarga dan kelompok sosialnya. Kebanyakannya berkisar pada hal moral dan mengerjakan hal yang benar. Dalam bentuk yang lebih sederhana berarti "berbuat kebaikan", dan meyakinkan perilaku anda lebih baik daripada orang lainnya. Ini akan menunjukkan diri anda yang sesungguhnya dan didikan yang membesarkan anda. Philotimo bagi masyarakat Yunani berarti cara anda menjalani kehidupan.
>
> Anak-anak dikatakan memiliki philotimo ketika mereka dapat menunjukkan cinta tulus dan hormat pada orang tua, kakek, nenek dan teman-teman mereka. Ini dapat juga berarti rasa syukur karena pemberian orang lain, atau kebaikan orang lain yang telah anda terima. Dapat juga merupakan apresiasi dan kekaguman pada leluhur dan nenek moyang-philotimo adalah kehormatan dan kebanggaan.

Selama periode Perang Dunia Kedua, ikatan erat terbentuk dan masih berada di tempat-tempat seperti Kepulauan Yunani, Crete, di mana penduduk lokal rela mengorbankan hidupnya demi melindungi tentara Australia dan Inggris dari penjajahan pasukan Nazi. Penduduk lokal tersebut memiliki ikatan-tanggung jawab untuk menolong; philotimo mereka memaksa mereka-bahwa jika tertangkap mereka tak gentar untuk berhadapan dengan pasukan tembak sekalipun.

Philotimo adalah perasaan bahwa anda belum mengerjakan cukup baik untuk keluarga, lingkungan dan masyarakat anda; dan ini ditunjukkan dengan berbagai tindakan kebaikan dan pengorbanan tanpa mengharapkan pamrih. Philotimo adalah merasakan kepuasan sebagai akibat dari memberi, bukan menerima.

2. Lima Hal yang Mempengaruhi Kita

Nomor Satu: Lingkungan Kita

Sepanjang sejarah, manusia perlu menjadi sensitif dan mengenali lingkungan sekitar mereka agar dapat bertahan hidup. Ini berarti bahwa mereka memiliki *kesadaran bawaan mengenai lingkungan mereka dan mencari lingkungan dengan kualitas tertentu.*

Pertama-tama, manusia memiliki keinginan yang kuat untuk *keselamatan dan keamanan*, dan mencari atribut-atribut tersebut dalam lingkungannya. Mereka juga mencari *kenyamanan fisik*, seperti lingkungan dengan iklim terbaik. Selain itu, mereka juga mencari *kenyamanan psikologis*, seperti lingkungan yang akrab, yang dapat memberikan banyak dorongan.

Cuaca dan iklim mempengaruhi mereka, apakah itu panas atau dingin.

Musim dingin biasanya memberikan pengaruh merugikan karena membosankan, dingin dan berawan. Anda mungkin cepat sedih dan berpikir negatif selama musim dingin, berbeda dengan di musim panas yang terang dan hangat, yang biasanya membantu anda meningkatkan perasaan positif dan bersemangat.

Seorang staf penjualan mengatakan, "Saya tidak dapat pergi bila hujan," tetapi staf penjualan lainnya mengatakan, "Sedang hujan, jadi sebaiknya saya pergi keluar karena semua orang sepertinya ada di rumah."

Feng Shui mengatakan memiliki dekorasi atau tatanan yang tepat akan mempengaruhi suasana hati anda.

Nomor Dua: Kegiatan (Kegiatan Dunia, Kegiatan Lokal, Kegiatan Komunitas)

Kegiatan besar dapat berpengaruh pada perilaku anda. Satu contoh bagaimana kegiatan besar dapat mempengaruhi anda adalah ketika terjadi peristiwa krisis roket Kuba. Selama 13 hari di bulan Oktober 1962, dunia menunggu–bak berada di ujung tanduk perang nuklir–dan berharap pada resolusi damai terhadap krisis tersebut.

Presiden Kennedy memutuskan tempat blokade angkatan laut, atau membentuk lingkaran kapal laut, di sekitar Kuba. Tujuan karantina ini adalah, seperti pernyataannya, untuk menghindari Soviet mengirimkan lebih banyak perlengkapan militer. Pada tanggal 22 Oktober, Kennedy mengungkapkan kepada dunia mengenai krisis tersebut di stasiun televisi. Tidak ada seorangpun yakin bagaimana cara pemimpin Soviet Nikita Khrushchev akan menanggapi blokade angkatan laut dan permintaan Amerika tersebut.

Selama masa itu, kekawatiran perang nuklir memotivasi masyarakat Amerika untuk membangun perlindungan nuklir.

Cobalah anda pikirkan bagaimana peristiwa seperti krisis roket Kuba bisa mempengaruhi anda:

- Terjadinya pemanasan global/perubahan cuaca sebagai isu politis (1990s)
- Pendirian Google sebagai satu perusahaan (1998)
- Terbentuknya Mata Uang Euro (1999)
- Desas desus kekhawatiran mengenai *"Millennium Bug"* (1999)
- Penyerangan 11 September (2001)
- Penjajahan Amerika terhadap Afghanistan dengan dukungan sekutu (2001)

- Peluncuran Apple iPod (2001)
- Penjajahan Amerika terhadap Irak (2003)
- Peluncuran Facebook (2004)
- Pengadilan dan eksekusi Saddam Hussein setelah ditemukan dari persembunyiannya di bunker bawah tanah (2006)
- Pemilihan presiden kulit hitam pertama di Amerika, Barack Obama (2008)
- Pembebasan pemimpin pro-demokrasi Birma Aung San Suu Kyi dari penahanan rumah setelah tujuh tahun (2010)
- Kematian mantan pemimpin al-Qaeda, Osama bin Laden di bangunan di Pakistan dalam penyergapan Tentara khusus Angkatan Laut Amerika (2011)

Nomor Ketiga: Pengetahuan

Apa yang anda pikirkan akan mempengaruhi anda dan cara anda memandang dunia. Contoh sempurna dari pertanyaan ini adalah apakah anda melihat segelas air setengah penuh atau setengah kosong.

Hal yang mengagumkan saya adalah para orang tua yang membaca cerita anak-anak *Kereta Api Kecil yang Mampu (The Little Train That Could)*, mengisahkan kereta api kecil yang mampu menaiki bukit sambil berkata, "Saya pikir saya bisa, saya pikir saya bisa, saya pikir saya bisa" hingga benar-benar bisa mencapainya. Mereka mengajarkan anak-anak mereka untuk berpikir bahwa mereka mampu mencapai apapun yang ditetapkan oleh pikiran mereka. Kemudian, mereka duduk dan berdiskusi mengenai bagaimana peluang bisnis dapat mengubah masa depan keuangan mereka, dan mereka mengatakannya satu sama lain, "Saya pikir kita tidak bisa"

Anda perlu menyadari pembicaraan-pribadi (self-talk)—kata-kata yang sering anda ucapkan dalam pikiran anda dan sering tidak anda sadari. Ketika atlit profesional seperti pemain tenis, memukul bola dan melambungkannya keluar, mereka tidak berkata kepada diri sendiri, "Anda ceroboh! Anda bodoh! Anda gagal!" Tetapi mereka berkata, "Lain kali, bola akan masuk. Lain kali, akan lebih baik."

Banyak diantara anda yang telah melihat film Star Wars dan mengenal tokoh R2D2. Ini adalah syair terbaik yang disebut RUME2, ditulis oleh Dr. Denis Waitley dan terinspirasi dari film:

KIM BROEMER

Saya memiliki robot kecil,
Yang berjalan mengikuti saya.
Saya memberitahukan dia apa yang saya pikirkan,
Saya memberitahukan dia apa yang saya lihat,
Saya memberitahukan robot kecil saya,
Semua harapan dan ketakutan saya.
Dia mendengarkan dan mengingatnya,
Semua kegembiraan dan air mata.
Awalnya robot kecil saya,
Mengikuti perintah saya,
Tetapi setelah bertahun-tahun dilatih,
Dia menjadi tak terkendali.
Dia tidak peduli pada apa yang benar dan salah,
Atau apa yang palsu atau asli.
Tidak peduli apa yang saya coba lakukan sekarang,
Dia memberitahukan saya apa yang harus dikerjakan!

Anda juga perlu waspada pada siapa yang anda dengarkan. Jika anda memiliki lantai baik, bersih di rumah anda dan tetangga sebelah rumah anda datang dengan tong sampah dan mengotori lantai anda yang bersih, anda tentu tidak menyukainya. Jadi mengapa membiarkan tetangga, teman, dan keluarga anda membawa sampah-atau pikiran negatif-ke dalam pikiran anda?

"Jagalah selalu pintu pikiran anda."

– Jim Rohn

Anda harus waspada pada siapa anda bergaul, atau dikenal dengan *hukum pergaulan*. Tanyalah diri anda sendiri, kapan terakhir anda menghabiskan waktu dengan seseorang, apakah anda merasa lebih terinsiprasi menjadi lebih baik, mengerjakan lebih banyak hal, meraih lebih banyak cita-cita dengan semangat, atau sebaliknya, anda merasa tidak bersemangat?

Lindungi Citra-Diri Anda

Anda harus menerima dan mencintai diri anda sendiri. Ini kembali pada identitas, apa yang anda pikir mengenai diri anda sendiri-citra-diri anda-dan masalah terbesar yang dimiliki kebanyakan orang hari ini adalah bahwa mereka berpikir bahwa mereka tidak cukup berharga. Apakah anda meyakini Sang Maha Baik, Tuhan, atau kehebatan tanpa batas, beliau tidak pernah membuat anda setengah-setengah, di angka enam-dari-sepuluh, atau lima-dari-sepuluh. Beliau membuat anda di angka sepuluh-dari-sepuluh. Beliau membuat anda sempurna.

Jadi, sebagai identitas, sebagai seseorang, anda di angka sepuluh; anda mungkin hanya enam atau lima dalam beberapa tugas yang anda lakukan, misalnya dalam peran sebagai pengemudi atau dalam peran sebagai ayah atau ibu. Anda perlu memiliki citra-diri yang baik terhadap diri anda sendiri, dan hal ini akan membantu anda melewati semua hal negatif yang menghalangi jalan hidup anda. Pada awalnya, anda akan diajarkan, "Jangan sentuh itu-akan terbakar". Jangan menyeberang di sana-akan tertabrak. Jangan mempercayai staf penjual. Lihatlah sebelum melompat." Anda diberikan semua pengaruh negatif di sepanjang hidup anda.

Jangan menanggapi sesuatu dengan berlebihan. Anda adalah sempurna!

Hukum pergaulan juga meyakinkan hal-hal berikut:

1. Penghasilan anda adalah sejumlah rata-rata dari sepuluh orang yang sering menghabiskan waktunya bersama anda.

2. Tingkat motivasi anda akan MIRIP dengan tingkat motivasi orang-orang yang berada dalam lingkaran pergaulan anda.

3. Kemampuan anda mewujudkan cita-cita anda dan mencapai impian anda akan mirip seperti *kepandaian mewujudkan,* teman-teman dan rekan anda.

4. Gaya hidup anda akan mencerminkan gaya hidup mereka yang berada di sekitar kehidupan anda.

5. Tingkat keyakinan dan kebahagiaan anda sesungguhnya adalah cerminan tingkat keyakinan dan kebahagiaan mereka yang sering menghabiskan waktunya dengan anda.

Jadi, saya sangat menyarankan anda untuk menelaah lingkaran pergaulan anda, dan pengaruh lingkungan anda. Ada beberapa hal yang juga sama pentingnya dalam menata potongan kode kesuksesan dengan benar.

Jadi, mulai hari ini, dengan penuh hormat saya menyarankan anda untuk mengumpulkan keberanian menyingkirkan semua pergaulan yang beracun, membatasi, atau menghambat motivasi. Produktivitas, kekayaan, kesehatan, cara berpikir, dan kehidupan berkeluarga anda akan mengubah anda jika hal yang satu ini dikerjakan dengan sempurna, dan saya mendoakan tingkat kesuksesan dan kinerja yang luar biasa bagi anda.

Apa yang anda baca atau apa yang anda tidak baca juga akan mempengaruhi anda. Bagaimana jika hubungan anda baru saja hancur? Anda sedang berpisah dan menuju pada perceraian, dan anda terlambat menemukan buku panduan mengenai cara menjalani hidup dengan seseorang.

Teruslah membaca. Anda harus terus belajar sehingga anda dapat terus mengisi pikiran anda. Anda mengisi tubuh anda dengan nutrisi yang baik, tetapi dengan apa anda mengisi pikiran anda? Pikiran anda juga memerlukan pengisian kata-kata positif terus menerus. Saya pernah mendapat pertanyaan ini, "Bagaimana anda selalu dapat berpikir positif?" saya selalu menjawabnya dengan menjelaskan bahwa saya selalu mengisi pikiran saya; jika saya tidak mengisinya dengan pikiran positif, maka pikiran negatif akan datang secara otomatis. Sama seperti kebun. Jika anda tidak berniat memeliharanya, rumput liar akan memenuhinya.

Jim Rohn pernah berkata pada saya "jangan berhenti menjadi seorang murid," dan saya telah melaksanakannya. Ini adalah beberapa buku yang saya sarankan untuk mengisi pikiran anda:

- *The Bible*
- *Think and Grow Rich*, karangan Napoleon Hill
- *The Richest Man In Babylon*, karangan George Samuel Clason
- *The Greatest Salesman in The World 1* and *2*, karangan Og Mandino
- *The Season of Life*, karangan Jim Rohn
- *Leading an Inspired Life*, karangan Jim Rohn
- *The Way of the Peaceful Warrior*, karangan Dan Millman
- *How To Cure Money Stress,* karangan Dr. Tony Pennels

Untuk daftar rekomendasi buku bacaan Kim, dapat melihat di Daftar Pustaka, pada bagian akhir buku ini.

Nomor Empat: Hasil–Masa Lampau positif dan atau negatif

Ini adalah alasan lainnya mengapa harus menyimpan jurnal. Sangatlah penting untuk meluangkan waktu merefleksikan, membaca jurnal-jurnal anda dan melihat hal yang anda telah tanamkan di masa lampau, bagi masa depan anda. Salah satu cara untuk mengatasi gangguan yang memporak-porandakan hidup anda adalah dengan menulis-kan cita-cita dan daftar pencapaian.

Apakah yang dilakukan pilot kapal terbang kecil ketika menghadapi badai? Apakah dia harus tetap maju? Tidak, dia kembali ke tempat yang tidak berawan tebal.

Jadi marilah kita luangkan sepuluh menit waktu kita untuk menulis daftar cita-cita yang ingin anda wujudkan. Mohon diingat, jangan pedulikan berapa kecil pencapaian anda; bisa jadi merupakan hal sederhana seperti contoh di bawah ini:

- Mendapatkan sertifikasi di sekolah dasar.
- Mendapatkan nilai A dalam sebuah mata pelajaran di sekolah.

KEAJAIBAN DARI PENULISAN CITA-CITA

Coba tuliskan 20 hasil yang telah dicapai:

1. ....

2. ....

3. ....

4. ....

5. ....

6. ....

7. ....

8. ....

9. ....

10. ....

11. ....

12. ....

13. ....

14. ....

15. ....

16. ....

17. ....

18. ....

19. ....

20. ....

Anda harus terus melanjutkan menambah daftar ini setelah anda selesai membaca buku ini. Anda dapat membuatnya menjadi buku latihan dan menambahkan foto-foto. Anda dapat melihat kembali dan mengatakan kepada diri anda, "Baiklah, saya telah mencapai ini dan itu, dan saya telah menang." Jika anda telah berhasil membuat ini sekali, maka anda dapat membuatnya lagi dengan lebih mudah.

Halaman-halaman berikut ini memberikan anda contoh dari catatan jurnal saya dan saya sering menjadikannya acuan untuk terus mengingatkan apa yang telah saya raih.

Membeli mobil Mercedes Benz pertama, tahun 1973. Saya berusia sembilan belas tahun.

Mercedes Benz kedua milik saya, tahun 1977. Saya berusia dua-puluh-tiga tahun.

BMW pertama milik saya, tahun 1983. Saya berusia dua-puluh-sembilan tahun. Saya mengalami beberapa tantangan keuangan antara tahun 1977 dan 1983.

Namun kemudian, tahun 1983, saya memiliki dua BMW.

Membeli investasi properti, tahun 1983.

Kembali memiliki Mercedes Benz, tahun 1984.

Membeli sebuah rumah, tahun 1984.

Membeli sebuah rumah dan 2 Mercedes Benz, tahun 1987.

Membeli kapal pesiar, tahun 1988.

Beberapa tahun belakangan kemudian, saya mulai menambah bidang usaha sebagai pengembang properti. Saya memiliki proyek properti komersial bernilai 23 juta dolar, toko minuman keras, ketertarikan pada pedesaan dan perusahaan peternakan, perusahaan genetik yang menggunakan inseminasi buatan untuk meingkatkan produktivitas wool dari domba Australia, dan 25% bagian keuntungan dari perusahaan broker saham. Saya berpikir bahwa akan baik bila saya bisa mempunyai beragam usaha, apalagi dengan kondisi perputaran perdagangan yang dinamis. Jika satu pangsa pasar melemah dan pangsa pasar lainnya menguat, maka investasi saya akan aman.

Kejadian resesi di awal tahun 90-an telah menyebabkan keruntuhan ekonomi yang banyak berpengaruh bagi dunia pada akhir tahun 80-an dan awal tahun 90-an. Selama periode itu, Australia mengalami resesi ekonomi terburuk sejak Depresi Terbesar. Bendahara Australia, Paul Keating menyebutnya sebagai "resesi yang tak dapat dihindari oleh Australia."

Suku bunga pada beberapa proyek properti kami naik menjadi 23% dan 24%. Pasar wool bangkrut, jadi peternak terpaksa menembaki dombanya, yang berarti, mengeluarkan uang untuk inseminasi buatan untuk meningkatkan produktifitas wool menjadi tidak mungkin lagi.

Saya berusaha keras untuk tidak tenggelam, seperti pemain sulap, dengan menjual beberapa aset untuk membiarkan diri saya terus bertahan. Pada akhirnya, saya kehilangan 13 juta dolar dari uang saya pribadi, dan 8 juta dolar dari uang bank.

Dengan tekanan keuangan di rumah, pernikahan saya pun berantakan. Saya kehilangan mobil-mobil, rumah, dan semua kepemilikan materiil. Yang masih saya miliki, adalah perilaku saya.

Ada pepatah yang mengatakan, jika anda mengambil semua uang di dunia dan membaginya sama rata ke semua orang, setahun kemudian, uang itu akan kembali ke kantong yang sama dengan tempat asalnya dahulu.

"Jika anda menghasilkan satu juta dolar dengan cepat, sebaiknya anda mulai berpikir seperti jutawan agar bisa menyimpan uang tersebut."

- Jim Rohn

Hal yang membuat saya fokus dalam membangun kekayaan saya kembali adalah ketika saya melihat kembali pencapaian-pencapaian yang telah saya raih dan saya tuliskan di buku pencapaian saya. Saya bisa melihat peluangnya dan bangkit semangat lagi. Dengan sangat cepat, saya membangun jaringan distribusi penjualan langsung yang kini menghidupi keluarga saya ratusan hingga ribuan dolar per tahun dalam pendapatan royalti tetap. Untuk mencapainya, saya membentuk 32 pebisnis independen yang mampu menghasilkan lebih dari 30.000 USD per bulan, 5 diantaranya berpenghasilan lebih dari 75.000 USD per bulan, 67 berpenghasilan dengan kisaran antara 15.000 dan 30.000 USD per bulan, dan lebih dari 200 pebisnis berpenghasilan antara 5.000 dan 15.000 USD per bulan.

Ini adalah tiga murid yang saya bimbing untuk membentuk jaringan distribusi saya:

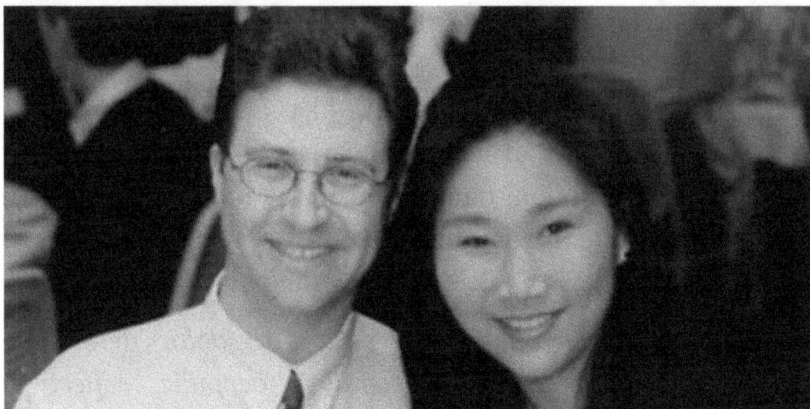

Dr. Tony dan Wui Yen Pennells

Ketika saya bertemu Tony, beliau dan istrinya masih sebagai dokter muda yang bekerja dengan jam-jam sibuk yang panjang dan sulit bertemu karena jadwal tugas yang berbeda. Mereka tidak memiliki gaya hidup atau kehidupan sosial. Tony akhirnya menyadari bahwa beliau ingin melakukan hal-hal yang diimpikan kapanpun diinginkan, daripada harus terus terpaksa bekerja.

Tony adalah murid yang berkeinginan kuat dan terpandai yang saya bimbing. Beliau berjanji akan mengerjakan apapun yang saya perintahkan tanpa beralasan. Dalam waktu setahun, beliau berhasil membangun penghasilan pasif yang mampu memberikannya hidup serba nyaman.

Tony pensiun dari kedokteran dan memperoleh kebebasan finansial di usia 27 tahun. Beliau kini seorang pengusaha dan pengarang buku terkenal untuk seri bukunya *Financially Fit.*

Faisal dan Elisa Solichin

Sebelum bertemu Faisal dan keluarganya, Faisal telah bekerja di beberapa perusahaan di Indonesia, seperti Coca-Cola, Bank Bali, dan Anker Beer. Untuk meningkatkan keuangannya, Faisal memutuskan untuk merintis bisnis sendiri sebagai importir pembersih debu dan udara, sedangkan istrinya Elisa, masih bekerja sebagai staf bank di bank lokal.

Bisnis mereka berjalan lancar, dan beliau berhasil menghasilkan 20 hingga 30 juta rupiah setiap bulan (sekitar 2.000 hingga 3.000 AUD). Beliau bekerja sangat keras setiap harinya, tanpa kesempatan untuk berfoya-foya karena harus mengembalikan pinjaman modal pokok yang dipinjamnya dari bank. Walaupun beliau mempunyai penghasilan yang lumayan untuk standar Indonesia, prioritasnya yang utama adalah memenuhi kebutuhan pokok seluruh keluarganya. Beliau bahkan tidak punya waktu luang untuk berpikir atau bermimpi tentang masa depan keluarganya.

Faisal dan Elisa sangat puas dengan semua yang mereka miliki hingga terjadi krisis ekonomi yang menghantam Indonesia tahun 1998, dan menyebabkan kebangkrutan bagi bisnis Faisal.

Faisal tidak mampu membayar hutangnya, dan beliau harus menjual rumah keluarga dan delapan mobil yang digunakan untuk menjalankan bisnisnya. Beliau kehilangan semua investasi yang telah diperolehnya dengan susah payah tersebut. Hanya tersisa satu mobil dan satu rumah sewaan. Mereka bahkan tidak mempunyai uang cukup untuk membayar biaya kelahiran putra bungsunya.

Suatu hari, mitra bisnis Faisal sebelumnya, seorang kebangsaan Australia, memperkenalkan Faisal kepada saya. Hari ini, Faisal menyebut saya sebagai malaikat pelindungnya, dan saya menyebutnya sebagai milik saya. Faisal dan Elisa merupakan pasangan sempurna untuk saya bimbing. Mereka murid yang giat, mereka memiliki alasan yang besar, dan mereka mempercayai saya. Kebanyakan orang akan memberikan anda apa yang anda telah berikan pada mereka. Saya percaya Faisal dan Elisa dapat mengubah nasib mereka, dan ketika anda mempercayai orang lain, mereka akan mempercayai anda.

Faisal dan Elisa harus mengorbankan banyak hal, dan mereka harus bekerja keras untuk memperoleh kekebasan finansial. Hari ini, mereka akan mengatakan:

"Sungguh suatu KEAJAIBAN bagaimana kehidupan kami telah berubah dari sebelumnya. Terima kasih kepada malaikat penolong kami, Kim Broemer, yang telah menolong kami memimpikan hal-hal besar dan

membantu kami mewujudkannya satu demi satu.
Keluarga kami kini memiliki banyak rumah, kami
dapat berwisata ke manca negara maupun di dalam
negeri, dan kami dapat bebas memilih pendidikan
berkualitas untuk anak-anak kami."

Foto dengan Faisal Solichin

KEAJAIBAN DARI PENULISAN CITA-CITA

Ada yang mengatakan bahwa pujian berharga dalam hidup adalah ketika seseorang menggunakan nama anda dalam testimoni mereka, dan pujian terbesar adalah ketika mereka memiliki fotonya dengan anda di ruang tamu mereka.

Foto dengan Sintong Lumbanraja

Sintong Lumbanraja

Sintong baru saja lulus universitas dan tidak memiliki pekerjaan ketika saya bertemu dengannya. Pada waktu itu, saya tidak menyadari bahwa beliau tidak mendapatkan bantuan keuangan dari orang tuanya. Mereka selalu memintanya mencari pekerjaan demi gaji bulanan yang pasti dan tidak kembali ke kampung halamannya bila tidak sukses.

Orang tua Sintong tidak menyadari bahwa semua dorongan negatif tersebut malah membuatnya lebih berkeinginan sukses. Saya pun tidak menyadari bahwa beliau tidak memiliki rumah dan tidur di stasiun bis atau kereta setelah pelatihan larut malam.

Saya memperlakukan Sintong sama seperti murid yang lain dan membimbingnya untuk menjadikannya mampu bekerja-sendiri dan dapat mewujudkan semua harapan dan mimpi-mimpinya. Saya teringat pada suatu pelatihan, saya mengatakan bahwa harus membeli tiket untuk seminar sukses, dan jika beliau tidak memiliki uang, tidak masalah, tetapi bila beliau tidak mempunyai inisiatif, itu merupakan masalah BESAR. Saya mengatakan, "Jika anda punya jam tangan, jualah. Upayakan segala hal yang bisa memberikan anda uang untuk membeli tiket seminar sukses. "Sintong menjual jeans terbaiknya demi mendapatkan uang untuk membeli tiket. Sungguh tidak mudah baginya pada tahap awal; tidak punya uang, tidak ada dukungan dari orang tua, dan penolakan dari pusat pengaruhnya.

Namun beliau seorang murid yang ulet dengan mimpi besar dan tidak pernah menyerah. Jika ada kemauan, maka ada jalan! Sintong bekerja sangat keras dan mengikuti rencana tahap-demi-tahap dengan gigih dan konsisten.

Sintong dan istrinya Margaretha kini telah meraih kebebasan finansial, memiliki beberapa rumah dan gaya hidup luar biasa.

Menyerahkan 500CLK baru, tahun 2005.

Membayar untuk 500CLK baru milik saya.

Pengiriman SL Roadster kami.

Mengambil SL Roadster baru.

Buku saya selanjutnya mungkin mengenai cara saya menciptakan jaringan distribusi penjualan langsung, yang memberikan keluarga saya ribuan dolar per tahun dalam penghasilan royalti tetap. Seperti anda lihat, unsur terbesar dalam meraih dan membangun kekayaan saya kembali adalah bagaimana saya menuliskan rencana tindakan dari gambaran masa depan saya.

Nomor Lima: Sebuah Pandangan Pada Masa Depan

"Maka pastikan bahwa tarikan terbesar dalam diri anda adalah tarikan dari masa depan."

— Jim Rohn

Bagaimana cara anda memandang masa depan anda? Apakah dengan kekhawatiran. Atau dengan pengharapan? Pastikan bahwa *tarikan terbesar* dalam diri anda adalah *tarikan dari masa depan.*

Cara terbaik untuk melihat masa depan adalah dengan penuh pengharapan dan cita-cita besar. Penjelasan terbaik untuk penyusunan cita-cita yang pernah saya dengar berasal dari Paul J. Meyer, yang mengatakan:

> "Apapun yang dengan jelas anda bayangkan, dengan semangat anda inginkan, dengan tulus anda percayai, dan dengan antusias anda lakukan, maka mau tidak mau pasti akan menjadi kenyataan."

Kata-kata ajaib Meyer adalah, *bayangkan dengan jelas, inginkan dengan semangat, percayai dengan tulus,* dan *lakukan dengan antusias.*

Kata-kata ini juga dijelaskan dalam Alkitab, yang menyatakan, "mintalah maka kamu anda menerima." Tidak ada syarat apapun; anda dapat meminta apapun. Tetapi, ini juga mengatakan "mintalah *dengan penuh keyakinan* dan anda akan menerimanya."

Jadi, apakah keyakinan? Untuk definisi ini, anda harus mengacu ke Ibrani, bab 11, ayat 1, yang menyatakan bahwa keyakinan adalah bukti yang tidak dapat dilihat, namun diharapkan. Jadi anda harus meminta dengan penuh keyakinan. Keyakinan adalah bukti yang tidak dapat dilihat, namun diharapkan. Jadi, anda harus mengatakan "terima kasih" untuk dapat menerima sesuatu secara langsung. Alkitab tidak pernah bohong. Dengan mengatakan "terima kasih," anda telah menunjukkan keyakinan-bukti yang tidak dapat dilihat, namun diharapkan.

Ada satu hal lainnya yang anda perlukan agar keyakinan dapat terwujud, dan itu adalah BEKERJA. Alkitab mengatakan, "keyakinan tanpa bekerja adalah sia-sia." Maka, anda juga tetap harus bekerja, sambil mengucap syukur atas keinginan yang telah anda peroleh.

3. Kehidupan yang Seimbang

Ada dua kalimat yang saya yakini dalam hidup saya:

1. Anda tidak dapat menghindari perasaan anda, tetapi anda dapat mengatur pikiran dan tindakan anda.
2. Tidak perlu mempedulikan apa yang terjadi, tetapi pedulikan bagaimana anda menanganinya.

Roda Kehidupan

Anda perlu memiliki kehidupan yang seimbang, dan mengerjakan apa yang anda perlukan untuk menyusun cita-cita di setiap area kehidupan anda. Saya memandang kehidupan ini seperti roda dengan enam jari-jari yang berputar di sepanjang jalan kehidupan. Ada enam jari-jari seperti berikut ini:

1. **Cita-cita Keluarga** – Cita-cita ini berkaitan dengan keluarga anda dan hal-hal yang anda ingin lakukan untuk keluarga anda, pasangan anda, anak-anak anda, orang tua anda, dan bahkan keluarga jauh anda.
2. **Cita-cita Bisnis** – Cita-cita ini mengenai apa yang anda ingin raih dengan bisnis anda. Jika anda tidak memiliki bisnis, maka cita-cita ini mungkin mengenai hal-hal yang anda ingin wujudkan dalam karir anda.

3. **Cita-cita Fisik** – Cita-cita ini berkaitan dengan kesehatan, berat badan, kebugaran, dan stamina anda.

4. **Cita-cita Mental** – Cita-cita ini adalah mengenai peningkatan kehidupan, menambah pengetahuan, bahan bacaan, kekhawatiran, dan hal-hal yang anda perlukan untuk menghadapinya.

5. **Cita-cita Sosial** — Cita-cita ini mengenai apa yang anda ingin berikan bagi komunitas, tempat ibadah, sekolah, panti sosial, dsb.

6. **Cita-cita Spiritual** – Cita-cita ini berkaitan dengan keyakinan, agama, kode moral dan etika yang anda miliki.

Mari kita perhatikan diagram di bawah ini:

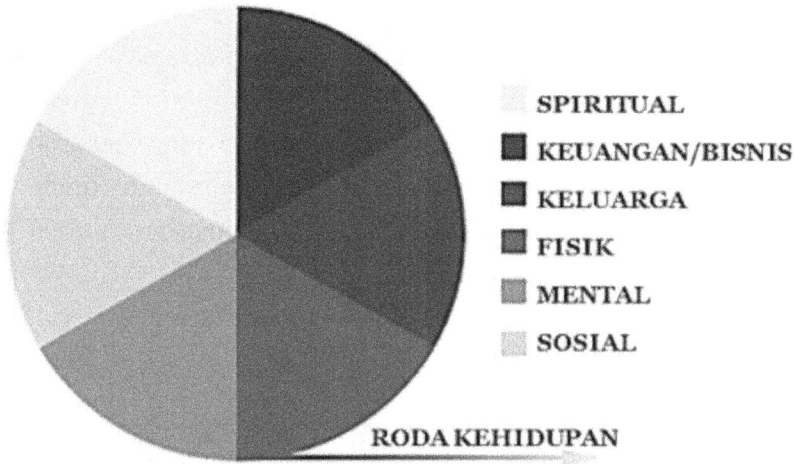

SPIRITUAL
KEUANGAN/BISNIS
KELUARGA
FISIK
MENTAL
SOSIAL

RODA KEHIDUPAN

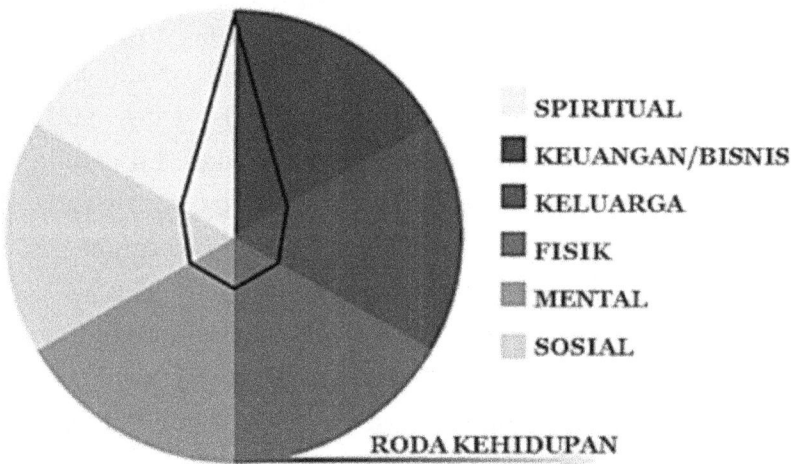

SPIRITUAL
KEUANGAN/BISNIS
KELUARGA
FISIK
MENTAL
SOSIAL

RODA KEHIDUPAN

Perhatikan roda kedua. Pada akhir tahun 80-an, saya tidak fokus pada keluarga; saya fokus pada pekerjaan dan bisnis saya. Saya tidak terlalu mempedulikan makanan saya. Saya minum minuman keras terlalu banyak. Saya berhenti membaca dan berhenti bersyukur, dan alam semesta memutuskan untuk menunjukkan pada saya hasil yang saya telah kerjakan. Saya tidak memperdulikan hal-hal sosial dan spiritual, jadi roda kehidupan saya tidak berputar dengan lancar. Tidak seimbang.

Saya pernah berada di tempat-tempat tidak baik dan mengalami hal-hal buruk. Jika bukan karena cita-cita saya, perilaku saya, kembali ke pengembangan diri, dan bekerja dengan lebih keras pada diri saya, saya mungkin telah menyerah. Beberapa teman saya yang juga mengalami resesi awal tahun 90-an telah menyerah.

Jadi sebelum anda menentukan cita-cita, anda perlu mengetahui apa yang anda inginkan. Kaum wanita mungkin memahami hal ini lebih baik daripada kaum pria, karena mereka telah melakukan lebih banyak hal. Maksud saya adalah, bila anda berbelanja tanpa daftar belanjaan, anda mungkin akan pulang dengan berbagai barang yang tidak anda perlukan dan anda melewatkan barang-barang yang anda perlukan. Hidup juga demikian. Apa yang anda dapatkan di akhir perjalanan hidup anda dan bila anda melihatnya kembali pada hasil pencapaian anda, maka anda akan menyadari bahwa anda telah kehilangan kesempatan untuk mendapatkan apa yang anda inginkan?

Hal terbaik untuk memulai, yaitu, menulis sebuah daftar. Salah satu hal tersulit untuk dikerjakan adalah mencari tahu keinginan anda. Jadi, mari kita bersama-sama memulainya dengan membuat daftar impian, bukan daftar cita-cita. Mari kita menyebut daftar ini sebagai "daftar-induk impian" anda.

Ini adalah bagian yang menyenangkan. Tetapi sebelum anda mulai menulis daftar-induk impian, saya ingin menjelaskan cara melatih seekor gajah. Banyak dari kita pernah melihat gajah di sirkus atau kebun binatang bergoyang-goyang maju mundur dengan seutas tali kecil melilit satu kakinya, dan tali kecil tersebut terikat pada tiang kecil yang tertancap ditanah.

Kita pasti akan menanyakan diri kita sendiri, "Mengapa gajah itu tidak menarik tiang kecil tersebut, lalu pergi?"

Ya, ini semua karena cara pelatihannya. Ketika masih muda, kaki gajah kecil diikat dengan rantai besar yang terikat pada tiang besar, sehingga gajah kecil tidak bisa menariknya dan bergerak. Pada waktu gajah beranjak dewasa, pelatih hanya memerlukan tali kecil dan tiang kecil untuk si gajah, karena gajah dewasa tersebut berpikir tidak akan mampu menarik dan memindahkan tiang kecil yang tertancap tersebut.

Banyak diantara kita berpikir dengan cara yang sama. Anda meninggalkan sekolah dengan mimpi-mimpi yang besar dan mencoba untuk mewujudkannya, tetapi anda sering mendengar perkataan bahwa anda terlalu muda, tidak memiliki pengalaman yang cukup, tidak memiliki pendidikan yang layak, dsb, dsb, dan sekarang anda membatasi impian anda, dan tidak memiliki mimpi yang cukup besar lagi.

Anda perlu impian yang sangat besar dan memiliki target yang sangat tinggi, seperti menembakkan anak panah ke bulan, bukan ke burung rajawali. Jika anda hanya membidik burung rajawali dan bidikan anda meleset, maka anda mungkin akan mengenai batu. Tetapi bila anda membidik ke bulan, dan bidikan anda meleset, maka anda akan tetap mendapatkan bintang.

Jadi mari kita mulai!

Saya ingin anda menyakini semua yang anda tuliskan pada daftar anda, dan bahwa Sang Maha Baik, Tuhan, atau kehebatan tanpa batas akan mengabulkannya. Anda dapat menulis impian berwujud dan tidak berwujud. Impian tidak berwujud adalah seperti mempelajari kemampuan atau bahasa baru; sesuatu yang anda tidak bisa sentuh. Tuliskan impian jangka-panjang atau jangka-pendek, dan pikirkan enam area kehidupan anda. Tidak perlu mempedulikan apakah itu terlihat bodoh-tuliskan saja.

Ini adalah sebuah daftar dari 47 hal yang saya tulis dalam salah satu jurnal saya di tahun 1982:

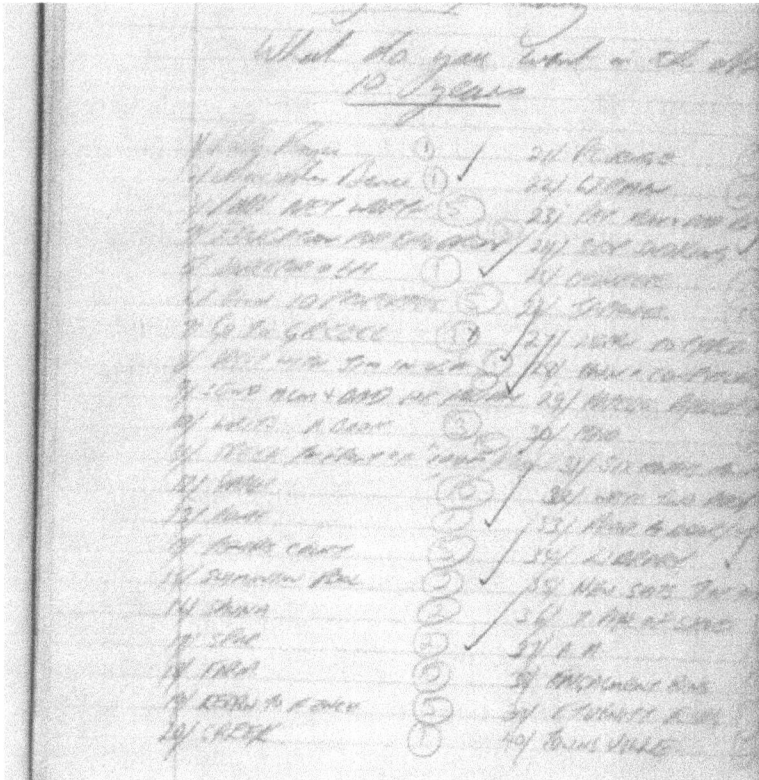

Saya sekarang bisa mencentang nomor 10: menulis sebuah buku.

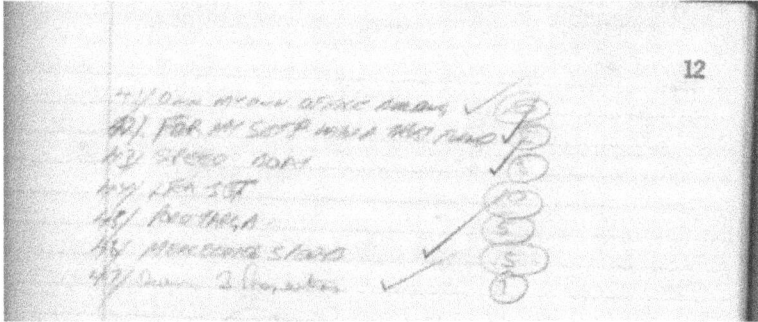

Jadi, mari kita mulai. Anda tidak dapat melanjutkan sebelum anda menuliskan 50 impian anda.

Daftar Induk Impian Saya

1. ....

2. ....

3. ....

4. ....

5. ....

6. ....

7. ....

8. ....

9. ....

10. ....

11. ....

12. ....

KEAJAIBAN DARI PENULISAN CITA-CITA

13. ....

14. ....

15. ....

16. ....

17. ....

18. ....

19. ....

20. ....

21. ....

22. ....

23. ....

24. ....

25. ....

26. ....

27. ....

28. ....

29. ....

30. ....

31. ....

32. ....

33. ....

34. ....

35. ....

36. ....

37. ....

38. ....

39. ....

40. ....

41. ....

42. ....

43. ....

44. ....

45. ....

46. ....

47. ....

48. ....

49. ....

50. ....

Sekarang anda telah menyelesaikan daftar anda yang berisi 50 impian, saya juga ingin anda menuliskan angka "1" di sebelah semua impian yang anda ingin wujudkan dalam satu tahun, angka "3" di sebelah semua impian yang anda ingin wujudkan dalam tiga tahun, dan angka "5" di sebelah semua impian yang anda ingin wujudkan dalam lima tahun dan angka "10" di sebelah semua impian yang anda ingin wujudkan dalam sepuluh tahun.

Jika anda sudah menyelesaikannya, hitunglah berapa banyak impian yang anda miliki pada satu-, tiga-, lima-, dan sepuluh-tahun. Perhatikan bahwa, dalam daftar yang saya miliki dari tahun 1982, saya memiliki 18 impian satu-tahun, 11 impian tiga-tahun, 11 impian lima-tahun, dan 7 impian sepuluh-tahun. Dari sini, anda dapat melihat bahwa anda mungkin perlu untuk memikirkan mengenai impian yang lebih dari sepuluh-tahun.

Anda perlu terus menambahkan hal-hal lain di daftar anda; ini merupakan proses berkelanjutan. Ini bukan sesuatu yang anda kerjakan hanya sekali. Ini perlu ditinjau dan dikerjakan terus. Saya dan istri saya memiliki ritual setiap Malam Tahun Baru. Kami melihat, meninjau, menambah, dan-yang terbaik-mencentang ("Sudah terwujud, beres, beres ...") untuk impian-impian yang telah kami wujudkan.

Menyusun Prioritas dan Menemukan: Apakah ini Cita-cita Anda?

Kita sekarang perlu menyusun skala prioritas impian-impian tersebut dan menentukan yang terpenting.

Pilih 3 impian satu-tahun yang paling penting dan tuliskan:

1. ....

....

2. ....

....

....

3. ....

....

....

KEAJAIBAN DARI PENULISAN CITA-CITA

Pilih 3 impian tiga-tahun yang paling penting dan tuliskan:

1. ....

....

....

2. ....

....

....

3. ....

....

....

Pilih 3 impian lima-tahun yang paling penting dan tuliskan:

1. ....

....

....

2. ....

....

....

3. ....

....

....

Pilih 3 impian sepuluh-tahun yang paling penting dan tuliskan:

1. ....

   ....

   ....

2. ....

   ....

   ....

3. ....

   ....

   ....

Alasan mengapa kebanyakan orang tidak meraih cita-cita yang mereka telah tetapkan adalah karena itu memang sesungguhnya bukan cita-cita mereka. Dengan kata lain, itu merupakan cita-cita pasangannya, orang tuanya, temannya, atau rekan-rekan yang harus dilaksanakannya. Mereka tidak memiliki kata-kata ajaib dari kutipan Paul J. Meyer— *bayangkan dengan jelas, inginkan dengan semangat, percayai dengan tulus,* dan *lakukan dengan antusias.*

Jadi, untuk mengetahui apakah impian tersebut adalah impian *milik anda*, anda perlu mengerjakan latihan yang lain.

KEAJAIBAN DARI PENULISAN CITA-CITA

Tuliskan dengan paragraf singkat mengenai 3 impian satu-tahun yang paling penting bagi anda. Bagaimana impian tersebut akan mempengaruhi perasaan anda? Bagaimana impian tersebut akan mempengaruhi pasangan, orang tua, dan anak-anak anda?

....

....

....

....

....

....

....

....

....

Jika anda sulit untuk menuliskan paragraf singkat mengenai mengapa anda menginginkan impian-impian tersebut dan bagaimana itu akan mempengaruhi perasan anda, maka impian tersebut sesungguhnya bukan impian anda. Melalui proses ini, anda akan menemukan impian satu-tahun yang paling penting bagi anda.

Sekarang anda telah menemukan impian yang dapat anda ubah menjadi cita-cita, lalu anda dapat menulis rencana tindakan untuk mencapainya.

Tuliskan dengan paragraf singkat mengenai 3 impian tiga-tahun yang paling penting bagi anda. Bagaimana impian tersebut akan mempengaruhi perasaan anda? Bagaimana impian tersebut akan mempengaruhi pasangan, orang tua, dan anak-anak anda?

....

....

....

....

....

....

....

....

....

Jika anda sulit untuk menuliskan paragraf singkat mengenai mengapa anda menginginkan impian-impian tersebut dan bagaimana itu akan mempengaruhi perasan anda, maka impian tersebut sesungguhnya bukan impian anda. Melalui proses ini, anda akan menemukan impian tiga-tahun yang paling penting bagi anda.

Sekarang anda telah menemukan impian yang dapat anda ubah menjadi cita-cita, lalu anda dapat menulis rencana tindakan untuk mencapainya.

Tuliskan dengan paragraf singkat mengenai 3 impian lima-tahun yang paling penting bagi anda. Bagaimana impian tersebut akan mempengaruhi perasaan anda? Bagaimana impian tersebut akan mempengaruhi pasangan, orang tua, dan anak-anak anda?

....

....

....

....

....

....

....

....

....

Jika anda sulit untuk menuliskan paragraf singkat mengenai mengapa anda menginginkan impian-impian tersebut dan bagaimana itu akan mempengaruhi perasan anda, maka impian tersebut sesungguhnya bukan impian anda. Melalui proses ini, anda akan menemukan impian lima-tahun yang paling penting bagi anda.

Sekarang anda telah menemukan impian yang dapat anda ubah menjadi cita-cita, lalu anda dapat menulis rencana tindakan untuk mencapainya.

Tuliskan dengan paragraf singkat mengenai 3 impian sepuluh-tahun yang paling penting bagi anda. Bagaimana impian tersebut akan mempengaruhi perasaan anda? Bagaimana impian tersebut akan mempengaruhi pasangan, orang tua, dan anak-anak anda?

....

....

....

....

....

....

....

....

....

....

Jika anda sulit untuk menuliskan paragraf singkat mengenai mengapa anda menginginkan impian-impian tersebut dan bagaimana itu akan mempengaruhi perasan anda, maka impian tersebut sesungguhnya bukan impian anda. Melalui proses ini, anda akan menemukan impian sepuluh-tahun yang paling penting bagi anda.

Sekarang anda telah menemukan impian yang dapat anda ubah menjadi cita-cita, lalu anda dapat menulis rencana tindakan untuk mencapainya.

4. Menuliskan Rencana Tindakan

Banyak diantara kita tidak memiliki rencana tindakan yang dituliskan. Bayangan seperti ini: anda ingin membangun sebuah rumah, anda mengunjungi seorang pemborong dan setelah menjelaskan keinginan anda, pemborong mengatakan, "Baik, saya mengerti." Lalu anda memintanya menunjukkan rencananya, dan pemborong berkata, "Jangan kuatir, semua sudah di dalam kepala saya." Apakah anda akan mempercayainya untuk membangun rumah anda?

Hal yang sama juga terjadi dengan cita-cita anda. Anda tidak dapat mempercayai rencana anda di dalam kepala anda. Anda perlu untuk menuliskan rencana tindakan anda. Saya telah menemukan cara terbaik untuk menuliskan cita-cita dan rencana anda dengan cara membagi cita-cita anda menjadi delapan bagian.

Anda bisa melihat contoh tabel rencana tindakan 8-kolom kami pada bagian akhir buku saya.

Gunakan contoh tabel rencana tindakan 8-kolom kami untuk menuliskan cita-cita terpenting tiga-, lima-, dan sepuluh-tahun anda.

Satukan semuanya dalam satu map dan bagi menjadi enam bagian: keluarga, spiritual, bisnis/keuangan, mental, sosial, dan fisik.

Tetapi untuk memulainya, mari kita kerjakan dahulu cita-cita satu-tahun anda yang terpenting dalam delapan bagian yang disediakan di buku ini.

Rencana Delapan-Kolom

Dalam bab selanjutnya, saya akan memberikan anda judul untuk masing-masing kolom dengan penjelasan, apa dan mengapa harus ditulis, dengan beberapa contohnya. Kemudian, saya akan memberikan anda waktu untuk menuliskan cita-cita dan apa yang dibutuhkan untuk melengkapi penulisan rencana tindakan anda.

Kolom Pertama: Cita-cita Anda

Cita-cita anda perlu dituliskan dengan perincian yang jelas. Pastikan anda menggunakan semua panca-indera anda.

Contoh: Misalnya cita-cita anda adalah membeli SL roadster. Maka anda harus menuliskannya dengan perincian yang jelas.

- Apakah tipe 500SL atau 350SL?
- Apa warnanya?
- Apa warna kulit interiornya?
- Apa tipe ban dan velgnya ?
- Apakah anda pernah mengunjungi showroom dan mendengarkan suara mesinnya?
- Apakah anda pernah mencoba mengendarai test drive?
- Apakah aroma kulitnya?
- Apakah anda merasakan setirnya?

Anda perlu memfungsikan semua panca-indera anda pada cita-cita ini sehingga bisa membangkitkan hasrat memilikinya. Cita-cita anda harus dibuat sejelas-jelasnya dan harus dituliskan sejelas-jelasnya. Sangat penting untuk *menuliskannya* supaya menjadi sangat jelas. Jika tidak jelas dan buram, anda tidak akan mencapainya.

Tuliskan cita-cita satu-tahun anda di tempat yang telah disediakan.

....

....

....

....

....

....

....

....

....

....

....

....

....

....

....

....

Kolom Kedua: Rintangan dan Halangan

Apa yang menghalangi anda? Apakah rintangan dan halangan yang menghentikan anda dari pencapaian cita-cita anda? Ini juga sangat penting untuk dituliskan. Jika cita-cita anda mendapatkan emas sepundi di ujung hutan, dan anda memulai perjalanan anda pada hutan yang lebat, padat dan jatuh ke dalam jurang, maka anda perlu menyeberangi sungai dan mencari jalan lainnya. Semua ini memerlukan waktu, dan anda mungkin akan merasakan kesulitannya dan menyerah.

Dengan menuliskan rintangan dan halangan anda, ibaratnya sama dengan memanjat pohon di hutan dan melihat jalan yang anda harus lalui untuk mendapatkan sepundi emas anda (cita-cita anda).

Berikut ini adalah beberapa contoh rintangan dan hambatan yang anda mungkin jumpai:

- Tidak ada waktu
- Tidak ada uang
- Tidak didukung pasangan
- Anak-anak
- Gemar menunda
- Takut
- Tidak memiliki ketrampilan

KEAJAIBAN DARI PENULISAN CITA-CITA

Tuliskan rintangan dan halangan pada cita-cita satu-tahun anda, di tempat yang telah disediakan.

....

....

....

....

....

....

....

....

....

....

....

....

....

....

....

....

....

....

Kolom Ketiga: Solusi

Solusi apa yang diperlukan untuk mengatasi rintangan dan halangan anda?

- **Tidak ada waktu**: Tersedia 24 jam dalam sehari. Anda harus belajar mengelola waktu. Buku *The One Minute Manager* dari Ken Blanchard dan Spencer Johnson dapat membantu anda mempelajari cara mengelola prioritas anda.
- **Tidak ada uang**: Ke mana anda dapat meminjam uang? Mungkin anda perlu belajar mengelola keuangan. Pernahkah anda membaca buku *The Richest Man in Babylon* karangan George Samuel Clason atau *Think and Grow Rich* karangan Napoleon Hill?
- **Tidak didukung pasangan**: Apakah anda sudah melibatkan pasangan anda dalam cita-cita anda dan mendiskusikan manfaatnya bagi anda dan keluarga?
- **Anak-anak**: Apakah anda sudah menjelaskan ke anak-anak anda jika cita-cita anda tercapai, mereka dapat menikmati liburan istimewa, seperti Disneyland?
- **Takut**: Takut (*Fear*) adalah singkatan dari *False Evidence Appearing Real* atau artinya, Bukti Palsu yang Tampak Asli. Cara terbaik untuk mengatasinya adalah dengan *bertindak*. Ketika anda bertindak dan memperoleh kesuksesan, maka di masa depan anda tidak akan takut lagi, karena pernah sukses mengatasi ketakutan anda.
- **Tidak memiliki ketrampilan**: Kursus apalagi yang anda perlukan, harus anda latih atau pelajari?

- **Gemar menunda**: Menunda sama seperti pencuri peluang anda. Buatlah daftar prioritas pekerjaan setiap hari dan kerjakan hal yang anda tidak sukai.

Tuliskan solusi untuk rintangan dan halangan cita-cita satu-tahun anda di tempat yang telah disediakan.

....

....

....

....

....

....

....

....

....

....

....

....

....

....

....

Kolom Keempat: Tanggal Penyelesaian

Anda perlu memiliki tanggal penyelesaian, yang tidak terlalu jauh sehingga anda tidak terpancing untuk menunda, dan juga tidak terlalu dekat sehingga anda tidak termotivasi dan mudah menyerah karena anda merasa tidak mampu mencapainya.

Ada sebait ungkapan yang saya dapatkan dari Dr. Robert Schuler yang menyatakan:

"Semeter demi semeter memang sulit, namun sejengkal demi sejengkal pasti tercapai."

Anda perlu mencoba meningkatkan sedikit demi sedikit setiap hari. Sehingga anda bisa mencapai ujung akhir untuk meraih cita-cita anda. Misalnya, dalam sembilan bulan – anda perlu mengkaji apa yang harus dilakukan setiap bulan, setiap minggu, dan setiap hari.

Siapkan hadiah atau perayaan bila cita-cita anda tercapai. Saya membeli Rolex emas ketika saya mencapai cita-cita bisnis saya. Memang saya bisa membelinya lebih awal, tetapi sekarang rasanya menjadi lebih berarti bagi saya. Setiap kali saya melihat Rolex emas saya, ada sensasi kebanggaan karena membelinya karena prestasi saya, hasil visualisasi cita-cita yang telah terwujud.

Hal yang juga tak kalah penting adalah mengukur perkembangan anda minimal seminggu sekali. Saya menyarankan untuk didampingi pembimbing yang mengerti cita-cita anda dan dapat membantu menentukan faktor keberhasilan dan realitas, atau membantu membagikan cita-cita anda pada pasangan anda sehingga dapat berjalan selaras.

Tuliskan tanggal pencapaian untuk cita-cita satu-tahun anda di tempat yang telah disediakan. Gunakan pensil sehingga dapat mengubahnya dan menyesuaikan dengan kebutuhan dan mengubahnya.

....

....

....

....

....

....

....

....

....

....

....

....

....

....

....

Kolom Kelima: Alasan

Libatkan emosi anda dalam menyelesaikannya. Anda memerlukan daftar alasan yang panjang- alasan emosional. Inilah sebabnya mengapa anda sebelumnya harus menuliskan perasaan anda bila berhasil mencapai cita-cita anda.

Pikirkan pertanyaan berikut ini:

- Bagaimana perasaan keluarga anda, bila anda berhasil cita-cita anda?
- Bagaimana perasaan pasangan anda, bila anda berhasil cita-cita anda?
- Bagaimana perasaan teman-teman anda, bila anda berhasil cita-cita anda?
- Bagaimana perasaan anak-anak anda, bila anda berhasil cita-cita anda?

KEAJAIBAN DARI PENULISAN CITA-CITA

Tuliskan semua alasan untuk cita-cita satu-tahun anda di tempat yang telah disediakan.

....

....

....

....

....

....

....

....

....

....

....

....

....

....

....

....

....

Kolom Keenam: Afirmasi

Afirmasi adalah kalimat positif atau negatif yang anda buat sepanjang hidup anda. Kalimat tersebut bisa netral, kalimat yang terbuat secara otomatis, atau kalimat yang sengaja dibuat.

Anda ingin menjalani hidup anda dengan tujuan yang jelas, jadi anda harus memilih hanya kalimat-kalimat yang positif, kalimat positif yang seolah-olah anda telah memilikinya. Anda perlu membuat afirmasi yang searah dengan cita-cita anda.

Berikut ini adalah beberapa contohnya:

- Hidup saya bebas dari hal-hal negatif dan kesedihan.
- Saya mengelilingi diri saya dengan keceriaan dan cinta.
- Saya bergaul dengan orang-orang yang berpengaruh.

Pada halaman selanjutnya adalah afirmasi saya ketika saya kehilangan segalanya dan mulai membentuk jaringan distribusi penjualan langsung. Saya menuliskan afirmasi-afirmasi tersebut di kartu berukuran 3x5, dan saya membacanya untuk diri saya sendiri setiap pagi dan malam.

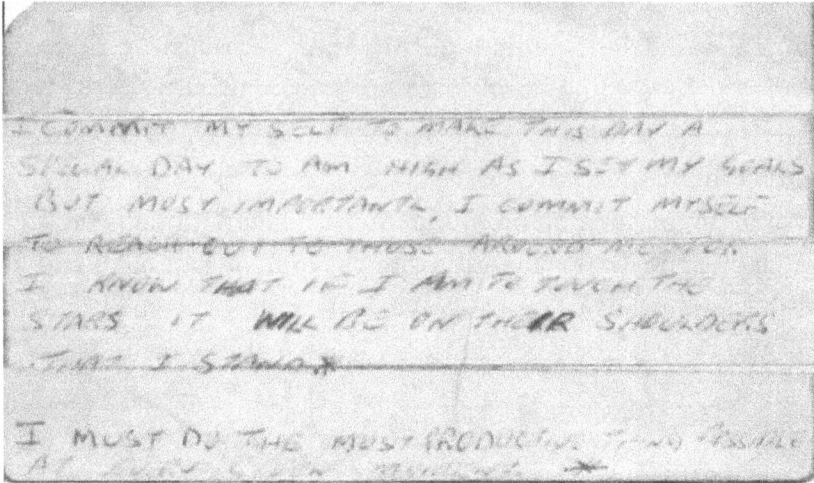

Di bawah ini adalah terjemahan dari afirmasi saya:

"Saya bertekad untuk menjadikan hari ini hari yang istimewa, mencapai yang tertinggi sesuai dengan cita-cita yang telah saya tentukan, dan yang terpenting, saya bertekad untuk membawa pengaruh baik bagi orang-orang sekitar saya, karena saya memahami jika saya bercita-cita meraih bintang, saya akan mampu berdiri di atas bahu mereka."

"Saya harus mengerjakan hal yang paling bermanfaat setiap saat."

> I BELIEVE THAT LIFE WITHOUT SHARING
> IS A LIFE UNFULFILLED, AND IF I CAN SHARE
> JOY AND BEAUTY AND HAPPINESS, THEN I
> KNOW I SHALL NOT FALTER.
> I COMMIT MYSELF TO BE MY BEST AND TO
> CREATE A BOND WITH THAT WHICH IS STRONG
> AND GOOD.
> I WILL FILL MYSELF WITH A POSITIVE ENERGY
> UNTILL THERE IS NO ROOM FOR A NEGATIVE
> THOUGHT.

Di bawah ini adalah terjemahan dari afirmasi saya:

"Saya percaya bahwa kehidupan tanpa berbagi adalah kehidupan tidak sempurna, dan jika saya dapat membagikan kegembiraan, keindahan dan kebahagian, maka saya tidak akan menyesal."

"Saya bertekad untuk menjadi yang terbaik dan selalu berupaya menjadi yang terbaik, bahkan ketika saya sedang bahagia dan baik."

"Saya akan selalu melengkapi diri saya dengan energi positif sehingga tidak ada lagi sisa tempat yang dapat diisi dengan pikiran negative."

KEAJAIBAN DARI PENULISAN CITA-CITA

Tuliskan afirmasi untuk cita-cita satu-tahun anda di tempat yang telah disediakan.

....

....

....

....

....

....

....

....

....

....

....

....

....

....

....

....

....

....

....

Kolom Ketujuh: Visualisasi

Anda dapat membuat papan impian. Kelilingi diri anda dengan petunjuk visual sehingga anda mengetahui keinginan anda, dan anda dapat membayangkannya telah tercapai. Anda bisa membuat buku berisi gambar visual mengenai cita-cita anda yang telah tercapai sehingga anda akan selalu termotivasi dan fokus.

Saya sangat menyukai Boneka Daruma. Ini adalah boneka pengharapan Jepang yang tidak memiliki mata, dan jika anda dorong akan terus kembali berdiri. Anda mewarnai satu matanya setelah anda menentukan satu cita-cita anda, kemudian mewarnai mata yang satunya lagi ketika anda berhasil mewujudkan cita-cita tersebut. Ada pepatah Jepang yang mengatakan, "Jatuh tujuh kali, bangun delapan kali." Intinya adalah, bukan mengenai jatuhnya; tetapi caranya untuk bangun terus dan terus lagi.

Ini adalah Daruma Jumbo kita yang digunakan untuk cita-cita target sekota.

Lima Warna Daruma

The Five Colours of Daruma

Luck & Good fortune	Health & Longevity	Security & Protection	Wealth & Prosperity	Love & Harmony

RED	PURPLE	YELLOW	GOLD	WHITE

Tempat terbaik untuk mendapatkan boneka Daruma di situs www.welovedaruma.com. Perusahaan ini terletak di Jepang, tetapi mereka dapat mengirimkannya ke seluruh dunia.

Tuliskan, gambarkan, atau cari foto-foto yang dapat ditempelkan untuk membantu anda membayangkan cita-cita satu-tahun anda, di tempat yang telah disediakan.

....

....

....

....

....

....

....

....

....

....

....

....

....

....

....

....

....

Kolom Kedelapan: Bertindak

TINDAKAN yang anda lakukan **SEKARANG** akan menentukan **MASA DEPAN** anda. Anda harus menger-jakannya. Tidak ada hal yang akan terjadi hanya dengan mengatakan afirmasi, kecuali anda melakukan sesuatu. Aktivitas apa yang akan anda lakukan yang dapat membuat anda bergerak maju mendekati cita-cita anda?

Mulailah melaksanakan aturan 70/30 Jim Rohn. Setelah melunasi pajak anda, belajarlah untuk memenuhi kebutuhan hidup anda dengan 70% penghasilan anda. Gunakan sisa 30% untuk hal berikut:

- 10% disumbangkan ke panti sosial, apakah itu fakir miskin, yatim piatu, tempat ibadah, ataupun para janda, dsb.
- 10% digunakan untuk modal aktif. Gunakan imajinasi anda untuk menghasilkan uang. Misalnya, membeli mobil tua atau rumah dan memperbaikinya, atau investasikan pada properti, kemudian jual kembali. Ada ratusan peluang yang tersedia.
- 10% untuk ditabung. Dengan keajaiban bunga tabungan dan tabungan penundaan-pajak, anda dapat mengakumulasi sejumlah uang selama hidup anda.

Hubungi tiga orang setiap hari, selama enam hari per minggu dan buat jadwal untuk presentasi anda. Cari pembimbing yang bisa bertanggung jawab pada aktivitas anda dan mendorong anda mencapai cita-cita anda.

Menurut Jim Rohn, "orang miskin membelanjakan uangnya dan menabung sisanya. Orang kaya menabungkan uangnya dan membelanjakan sisanya."

Tuliskan tindakan yang anda akan lakukan untuk meraih cita-cita satu-tahun anda di tempat yang telah disediakan.

....

....

....

....

....

....

....

....

....

....

....

....

....

....

....

....

Kesimpulan

Anda telah menuliskan cita-cita satu-tahun anda, semua rintangan dan halangan yang menghambat anda, dan solusi anda. Anda sekarang memiliki waktu pencapaian dan semua alasan emosional yang menunjukkan anda arti cita-cita satu-tahun tersebut bagi anda. Anda juga memiliki afirmasi, alat bantu untuk membayangkan cita-cita anda dan rencana tindakan yang tertulis. Anda sekarang siap untuk melakukannya dan menggunakan cita-cita tersebut untuk meraih keseimbangan, kebahagiaan dan kemakmuran untuk sisa hidup anda. Selama anda memiliki jurnal, mematuhi rencana delapan-kolom anda, dan mencatat pencapaian-pencapaian anda, tidak akan ada yang dapat menghalangi jalan anda.

Jalani hidup anda dan nikmati perjalanannya.

> "Manfaat yang terpenting dari penyusunan cita-cita bukanlah mencapainya; melainkan apa yang anda lakukan dan perubahan yang terjadi pada diri anda dalam upaya mencapai cita-cita anda. Itulah manfaat yang sesungguhnya."
>
> – Jim Rohn

Kelilingi diri anda dengan hal-hal yang mengingatkan anda untuk bersyukur pada apa yang anda telah terima dalam meraih keinginan anda.

Saya dan istri saya menyukai kesenian Jepang seperti Ikebana dan seniman Donna Canning. Untuk melihat pengaruh positif Ikebana dalam hidup dan perilaku anda, bisa ke situs www.donnacanning.com.

Pada halaman selanjutnya adalah dua foto hasil karya Donna yang telah kami beli untuk mengingatkan kami agar selalu bersyukur pada hal-hal yang kami miliki dalam meraih keinginan kami. Salah satu karyanya adalah pergerakan, dan yang lainnya adalah ungkapan terima kasih.

Saya mempunyai satu cerita terakhir yang ingin saya bagikan kepada anda. Di suatu desa kecil pegunungan Tibet, tinggallah seorang pria tua bijaksana yang telah memberikan nasehat dan membuat keputusan bagi penduduk desa yang telah berumur lebih dari 300 tahun. Suatu hari, seorang pemuda baru kaya merasa kesal dan memberitahukan temannya bahwa dia akan menyingkirkan sang penatua tersebut. Mereka lalu berembuk dan menyusun rencana sederhana untuk membuat sang penatua terlihat kehilangan kebijaksanaannya. Si pemuda memberitahukan temannya bahwa dia akan meletakkan seekor burung hidup di tangannya dan meminta sang penatua menebak apakah burung tersebut masih hidup atau sudah mati. Jika sang penatua mengatakan burungnya sudah mati, maka si pemuda akan melepaskan burung untuk terbang dari tangannya. Tetapi jika si penatua mengatakan burungnya masih hidup, maka si pemuda akan menyentil leher burungnya dan memperlihatkan tubuh burung yang tak bernyawa.

Maka, pada hari berikutnya si pemuda mengunjungi penatua bersama dengan teman-temannya dan bertanya pada penatua apakah burungnya mati atau hidup. Sang penatua duduk bersandar, tersenyum, dan berkata, "Jawabannya ada di dalam tanganmu."

Saya telah memberikan anda peralatan-peralatan yang anda perlukan untuk mencapai cita-cita yang telah anda tentukan. Apa yang anda ingin lakukan dengan peralatan tersebut adalah tergantung anda.

Saya telah menyinggung di akhir bab pertama bahwa visi dan misi saya adalah memiliki *philotimo* dan menemukan diri saya yang lain, seorang murid yang akan saya ajarkan semua hal yang telah saya pelajari sehingga saya dapat membantunya mengubah kesehatan dan kekayaan, dan meminta mereka untuk membayar di muka.

Jika anda memiliki perilaku positif dengan mimpi-mimpi yang besar, dan tertarik untuk bekerja sama dengan saya, kirimkan saya e-mail mengenai diri anda dengan daftar mimpi-mimpi anda dan cita-cita 1 tahun yang terpenting, ke kim@themagicofwrittengoals.com dan saya akan menghubungi anda untuk menjajaki apakah kita bisa bekerja bersama.

Dan selalu ingat, bersuka citalah dan bermimpilah yang besar.

Kutipan Jim Rohn tentang cita-cita:

Tidak ada yang dapat memastikan apa yang dapat anda lakukan ketika anda terinspirasi oleh mereka.

Tidak ada yang dapat memastikan apa yang dapat anda lakukan ketika anda mempercayai mereka.

Tidak ada yang dapat memastikan apa yang akan terjadi ketika anda melakukan perintah mereka.

Daftar Pustaka yang Disarankan Kim

- *The Bible*
- *Think and Grow Rich*, karangan Napoleon Hill
- *The Richest Man in Babylon*, karangan George Samuel Clason
- *The Greatest Salesman in the World 1 and 2*, karangan OG Mandino
- *The Greatest Miracle in the World*, karangan OG. Mandino
- *The Twelfth Angel*, karangan OG. Mandino
- *A Better Way to Live*, karangan OG. Mandino
- *The Season of Life*, karangan Jim Rohn
- *Leading an Inspired Life*, karangan Jim Rohn
- *Twelve Pillars*, karangan Jim Rohn and Chris Widener
- *The Way of the Peaceful Warrior*, karangan Dan Millman
- *Wisdom of the Peaceful Warrior*, karangan Dan Millman
- *How To Cure Money Stress,* karangan Dr. Tony Pennells
- *The Journeys of Socrates*, karangan Dan Millman
- *No Ordinary Moments*, karangan Dan Millman
- *Put Your Dream to the Test*, karangan John C. Maxwell
- *25 Ways to Win with People*, karangan John C. Maxwell and Les Parrott, PH.D.
- *Thick Face Black Heart*, karangan Chin-Ning Chu
- *The Secrects of the Rainmaker*, karangan Chin-Ning Chu
- *How to Cure Money Stress*, karangan Dr. Tony Pennells
- *To Be or Not To Be Intimidated*, karangan Roberth Ringer

- *The Magic of Thinking Big*, karangan David J. Schwartz, Ph.D.
- *Illusions*, karangan Richard Bach
- *Jonathan Livingston Seagull*, karangan Richard Bach
- *The Four Agreements*, karangan Don Miguel Ruiz
- *Outliers*, karangan Malcolm Gladwell
- *The Present*, karangan Spencer Johnson
- *Who Moved My Cheese ?*, karangan Dr. Spencer Johnson
- *Yes or No*, karangan Spencer Johnson, M.D.
- *The One Minute Manager*, karangan Kenneth Blanchard, Ph.D, Spencer Johnson, M.D.
- *Leadership and the One Minute Minute Manager,* karangan Kenneth Blanchard, Ph.D, Patricia Zigarmi, Ed.D, Drea Zigarmi, Ed.D.
- *The Seven Habits of Highly Effective People,* karangan Stephen R. Covey
- *First Things First*, karangan Stephen R. Covey
- *The Monk who sold his Ferrari*, karangan Robin S. Sharma
- *Leadership Wisdom from the Monk who Sold His Ferrari,* karangan Robin S. Sharma
- *Discovery Your Destiny*, karangan Robin Sharma
- *The Wellness Revolution*, karangan Paul Zane Pilzer
- *The Answer*, karangan John Assaraf and Murray Smith
- *Life's Golden Ticket*, karangan Brendon Burchard
- *Tactics*, karangan Edward de Bono
- *Opportunities*, karangan Edward de Bono
- *Three Magic Words*, karangan U.S. Andersen

KEAJAIBAN DARI PENULISAN CITA-CITA

- *Dare to Dream and Work to Win,* karangan Dr. Tom Barrett
- *Man's Search for Meaning*, karangan Viktor E. Frankl
- *Tough Time Never Last, but Tough People Do*!, karangan Robert H. Schuller
- *Move Ahead with Possibility Thinking*, karangan Robert H. Schuller
- *The Secret*, karangan Rhonda Byrne
- *A Message to Garcia*, karangan Elbert Hubbard
- *Losing My Virginity*, karangan Richard Branson
- *Screw It, Let's Do It*, karangan Richard Branson
- *Green Eggs and Ham*, karangan Dr. Seuss
- *Oh, The Places You'll Go*, karangan Dr. Seuss
- *Steve Jobs*, karangan Walter Isaacson
- *The Compound Effect*, karangan Darren Hardy

Contoh Tabel Rencana Tindakan 8-Kolom

CITA-CITA Tulis dengan Perincian yang Jelas	RINTANGAN & HALANGAN	SOLUSI	TANGGAL PEN-CAPAIAN DENGAN DAFTAR YANG DI-PERBAHARUI SETIAP MINGGU ATAU SETIAP BULAN	ALASAN

Contoh Tabel Afirmasi-Visualisasi-Tindakan

AFIRMASI	VISUALISASI	TINDAKAN

Terhubung Dengan Saya

Saya senang membaca tanggapan dari para pembaca saya, dan saya akan sangat menghargai bila anda meluangkan beberapa menit untuk mengirimi saya komentar atau memberikan tinjauan singkat di halaman Amazon saya. Terima kasih.

Koneksi Online

Pindai kode QR ini dengan ponsel anda, atau klik tautan ini untuk mengunjungi situs saya.

www.TheMagicOfWrittenGoals.com

Kunjungi saya di Facebook:

https://www.facebook.com/kim.broemer

www.ingramcontent.com/pod-product-compliance
Lightning Source LLC
Chambersburg PA
CBHW072148020426

42334CB00018B/1922